1.海南省高等学校教育教学改革研究项目（项目名称：基于价值链整合的产学研用合作人才培养模式研究与实践，项目编号：Hnjg2022ZD-5）；

2.2020年海南省高校思想政治工作中青年骨干队伍建设项目经费资助；

3.海南省社会实践一流本科课程建设、海南大学社会实践一流本科课程建设支持（课程名称：社会实践）。

九州文库

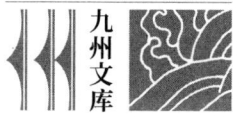

情境游戏学习的方法与实践

黄小欧 著

九州出版社
JIUZHOUPRESS

图书在版编目（CIP）数据

情境游戏学习的方法与实践 ／ 黄小欧著 . -- 北京：
九州出版社，2023. 8
ISBN 978-7-5225-1935-7

Ⅰ.①情… Ⅱ.①黄… Ⅲ.①中小学生-学习方法
Ⅳ.①G632. 46

中国国家版本馆 CIP 数据核字（2023）第 117777 号

情境游戏学习的方法与实践

作　者	黄小欧　著	
责任编辑	高美平	
出版发行	九州出版社	
地　址	北京市西城区阜外大街甲 35 号（100037）	
发行电话	（010）68992190/3/5/6	
网　址	www. jiuzhoupress. com	
印　刷	唐山才智印刷有限公司	
开　本	710 毫米×1000 毫米　16 开	
印　张	9. 5	
字　数	118 千字	
版　次	2024 年 6 月第 1 版	
印　次	2024 年 6 月第 1 次印刷	
书　号	ISBN 978-7-5225-1935-7	
定　价	85. 00 元	

前　言

随着社会的发展，学习成为社会生活中最为普遍，也最为重要的一件事情。特别是青少年的学习，不仅关乎青少年的成长成才，关系其所在家庭的幸福状态，也关乎整个社会生产力水平的提升。

学习的过程不是知识点的填鸭式记忆，而是自我知识体系的构建。在这个构建过程中，学习者需要实行二维和三维（具象和抽象）的相互转变，这就决定了场景的重要性。学习就是通过对场景的翻译和理解来构建知识的框架（即情境）。可以说，学习就是一个情境构建的过程。

学习与教育是一对伴生的概念，好的学习往往需要好的教育与之配合。当下，家庭教育越来越受到重视，家长是否能够充分发挥教育主体的作用，引导孩子开展高效学习，已经成为决定孩子学习成效的关键因素，同时直接影响家长与孩子的情感关系。

本书以中小学生及其家长为对象群体，以家庭教学为主要背景，立足教育与学习协同的观念，围绕情境游戏学习这一主题进行理论探索和案例实践。全书采用故事法，以虚构人物小圈和大圈的生活故事为线索，试图展示情境游戏学习的理论、方法及实践情况。小圈和大圈的人物设计源于部分普通学生及家长在日常教学生活中的形象。这样的设计意在创设一个更为贴近日常生活的大情境，这使得本书的内容更易于理解，也进一步凸显了本书的主题。书中以常用汉字为例，通过游戏设置等方法展开案例实践，不仅有利于加深读者对书中所述理论的理解，也可以作为一种汉字学习的方法，提高学生的汉字学习能力。书中提倡学习应该实现综合性目标，包括知识增加、能力提升、人格发展，即促进学习者的全面发展。

目 录
CONTENTS

一、故事的开始：大圈的醒悟

　　小圈是故事的主人公。他今年八岁了，是一个特别机灵的孩子。别看他年纪不大，却能和门卫称兄道弟，和学校图书馆的大爷也成了忘年交。他爱看漫画，尤其喜欢推理破案的故事，不过他不爱记生词。他善于想象，曾经在梦里建造了一个自己为王的国。他曾说他的梦想就是建造一个汉字的王国，在这里所有的汉字都能说话，这样就不用认字了。他的另一个梦想是成为一名侦探，凭借聪明的头脑闯荡江湖。

　　小圈的爸爸大圈，是一个喜欢看书的语文老师，也是小圈的班主任。不过，作为全县优秀教师的大圈在教儿子认字这事上却犯了难。每天放学后的家庭课堂时间，就是爷儿俩面面相觑、无可奈何的时光。

　　直到有一天，一件事情的发生让大圈的态度发生了极大的改变。

　　一次午间打盹，在梦里，大圈仿佛回到了小时候，为了看一集动画片而耽误了写作业，结果挨了一顿鞭子。他很委屈："为什么大人不懂孩子的心？"他多么渴望自己的爸爸能够理解他，鼓励他。醒来后，他感觉到脸颊上的泪痕，感慨原来过来人也不一定总是对的，有时候居高临下的教导适得其反。回想过去的经历，真正开窍也是真正感到学习的乐趣和掌握方法之后，压力并不能提高学习效率。家长是孩子学习的伙伴，要找到开窍的方法，是需要共同学习的。想想小圈委屈的样子，不正是当年自己的影子吗？大圈意识到，原来如何做一个合格的大人，这个方面他也没有经验。大圈决定从此不再居高临下，和小圈真正做学习伙伴，一起学习，一起成长。

二、学习与教育的含义：我们需要哪些改变

（一）电影引发的思考

今天是大圈和小圈的电影时光，他们一起看了一段关于生活的纪录片。画面的背景是在古代。一群衣衫褴褛的人，男的在狩猎，女的在采摘，嗷嗷待哺的小孩自然在妈妈的怀里，稍微大一些的孩子在地头玩耍，偶尔也会模仿妈妈的样子，好奇地探索着采摘植物的果实。一旁一个老妇人在捣碎刚采摘回来的绿色叶子，似乎在准备着一家人的晚餐，一个十岁上下的小姑娘在一旁打着下手。老妇人对她的工作似乎并不满意，时不时地停下手里的活儿过去纠正她的动作。一群狩猎的男人从森林里回来了，三个大人带着两个年纪尚小的孩子，他们带回了今天的猎物。

小圈看得津津有味，他羡慕地问："这些孩子不用上学吗？他们还能在田间、森林里玩耍，要是我能生活在那儿就太好了。"说完一脸沮丧。

大圈赶忙把小圈搂在怀里，说道："他们其实也在学习，只是他们是在实践中学习。他们学的知识是生活的技能，他们需要靠这种技能生存下来。我们今天从课本中学习，学的是前人总结的经验，我们的学习

也是为了让我们的生活更加充实，更加美好。"

"我也想像他们一样，在地里和森林中学习，我不喜欢背课本。"小圈说。

这可把大圈难住了："不行，不行，现在的学习都是在教室里的，没有课本你啥也学不着。"就在大圈说出这句话的时候，他自己也有点蒙了。长期以来，在大圈的印象里，真正的学习就应该是坐在教室里，拿着书本，认真领会着上面的标准"知识"。小圈的话似乎触动了他，让他有所思考：既然喜欢在生活中学习，那能不能把课桌搬到生活中呢？如果不喜欢课本，能不能把课本……嗯，不行呀，不喜欢课本那还怎么学习呀？大圈连忙问道："小圈，你倒是说说看，你为什么不喜欢课本呢？"

"课本不会动，学习不好玩。"小圈回答。

原来小圈喜欢"会动"的学习，他喜欢有反馈。那能不能让课本"动"起来呢？如果是这样，学习是不是能够变得更加轻松和快乐呢？大圈似乎找到了做某事的动力，待电影结束，大圈就开始着手寻找资料，解决心中的疑惑。

（二）学习是一个复杂的概念

目前对于什么是学习，仍没有一个统一的定义，不同的观点从不同的视角，揭示着学习不同的含义和特征。

1. 学习是"学"和"习"的组合

从词源发展来看，"学"与"习"这两个字首先是由孔子联系在一起的。他根据自己多年的经验，总结了这么两句话："学而时习之，不亦说乎？"（《论语·学而》）后来人们使用的"学习"这一复合词显然是来源于此。这里的所谓"学"，其基本含义是获得知识、技能。但它有时指接受感性知识与书本知识，同"思""行"相对称；有时候兼有思的含义。这里所讲的"习"，其基本含义是巩固知识、技能，它一般有三种含义，即温习、实习、练习，相当于现代所说的复习巩固、练习应用。我国古代没有"学习"一词。《礼记·月令》虽有"鹰乃学习"一词，但这里的"学""习"二字是两个单音词，不是一个复合词。"学习"一词显然是把学与习结合起来以对译英语"learning"。①

可见，学习是一个具有复合含义的概念，其包含了"学"和"习"两个过程。从这个意义上说，小圈在教室课桌前对着课本认真朗读，只是完成了"学"的部分，如果没有辅以课堂或者课后的对应练习，完整意义上的"学""习"任务并未完成。大圈暗自思量，自己从前对学习的理解看来是偏颇了，原本看着小圈拿着书本认认真真地朗读，会暗自欣喜，想着看这娃真懂事，在学习呢！现在看来，这仅是完成了"学"的部分。大圈决定，以后在阅读之后可以给小圈安排一些仿写的任务。

2. 学习应注重情感

从认知心理学视角看，学习是有机体在后天生活过程中经过练习或依靠经验，在知识、态度、行为或行为潜能上发生的相对持久的变化。② 然而，由于情感、态度等不容易被察觉，所以常常被忽略，因此人本主义学者在谈到学习时特别呼吁要关注全人（尤其是情感）全程的发展，重视人的自由、尊严、价值和责任等。如马斯洛就批判传统学习是一种外铄学习，提倡内心学习，强调学习要具有个人意义。③

---

① 燕国材. 中国教育心理思想史［M］. 山东：山东教育出版社，2004：57-58.
② 皮连生. 教育心理学：第四版［M］. 上海：上海教育出版社，2001：45-47.
③ 陈琦，刘儒德. 学习心理学［M］. 北京：高等教育出版社. 2011：122-127.

　　细细想来，大圈也发现了自己平时对小圈学习过程中情感的忽视。这种忽视也许并不是因为他没有注意到，而是因为他觉得"它"不重要。因为在大圈以往的印象里，衡量学习效果的标准就是"分数""排名""识字量"等，在学习中小圈开不开心也许并不需要过分关注。况且古人都说了，"学海无涯苦作舟"，既然是"苦作舟"，小圈越不开心岂不是说明他越用功而不断接近于"苦"的状态吗？所以在和小圈一起学习的时候，大圈往往会异常严格。在小圈表现出"不想"学习或者"心不在焉"的时候，大圈并没有从情感上去理解，而是从行为规矩上去强化要求。有一次，小圈对大圈说："爸爸，我今天下午不想学习，我想约伙伴们去玩。"大圈一听就着急了，说道："学生的本职就是学习，你怎么能不想学习呢？"小圈无言以对，无法从道理上反驳，却也无法振作精神，或者消除心情的郁结，只能赌气拿着书本"装模作样"。现在想来，这是从大人的立场出发，忽略了孩子自控能力的有限和爱玩的天性。无怪乎小圈经常不经意间说出"你们大人都不懂小孩子的心"这样的话。大圈想起自己小的时候，不也有过同样的感慨吗？

　　忽略情感的最大问题就是容易打击孩子的学习信心、兴趣等，还会让孩子不愿意进行沟通。意识到这个问题后，大圈和小圈就这个问题进行过交流。"我其实也知道学习很重要，但就是不想学。"小圈的话让大圈深以为然，"知道"或者"不知道"是认知的问题，"想"与"不想"是一种对学习的态度或情感。比如，大家都知道药苦，但生病了也得忍着把药吃了。在"不想"吃的情感面对"不得不"吃的客观现实时，我们往往需要用理性压抑情感。所以孩子的负向情感是应该被理解的。同时，由于孩子的理性成长还不够，面临选择时情感发挥着更大作用，所以就更不能从大人的视角简单地看待问题。想到这里，大圈摸了摸小圈的头，心里想着，今后要更加尊重小圈的感受，不仅要关注小圈的学习方法，更要关注小圈学习的情感状态，要让小圈在开心的状态下学习。

3. 学习是一种社会活动

从社会发展的视角看，学习是人类生活中的普遍现象，凡是个体掌握社会历史经验的过程都是学习。[①] 从这个角度上看，学习不仅仅是个体行为，更应该是群体行为。在学习的过程中，社会群体中的人与人通过交流与互动，开展着社会交往的活动。

人类与其他动物的显著区别之一，就是人属于社群性动物，都有着社交的需求，这也说明了喜欢和伙伴们一起玩耍是孩子的天性。小圈最喜欢的事就是约小伙伴们一起玩，因为和小伙伴们一起玩耍能够很好地满足他社交的需求。小圈和伙伴们常争吵打架，不一会儿又和好如初，这就是他们在适应社会化的环境，积累社交经验的过程。大圈决定，以后少买玩具，多带小圈找朋友玩。当然大圈还决定在孩子们玩耍中做好引导，比如积极融入一些教学的"知识点"，这样就更有意义了。

4. 大圈对学习的理解

综上，学习是一个复杂概念，角度不同，其定义也不相同。但总体而言，学习是一个多维概念，对其理解应该包括三个方面：一是学习包括了学和习的过程；二是学习给学习者带来的影响不仅仅是知识的增加，还包括态度、行为或者行为潜能发生的相对持久的变化；三是学习本质上是一个社会活动，其处于社会环境中，受到社会发展的影响。对比之下，大圈发现原来自己对于学习的理解是有偏差的，比如重学而轻

---

① 南京师范大学《教育学》编写组. 教育学［M］. 北京：人民教育出版社，1984：3.

习的偏差、重认知而忽略情感的偏差、重个体而忽略群体的偏差。

相较之下，让小圈心心念念的电影场景中的"学习"（我们称之为生活场景的学习）有以下三个特点：一是这种方式的学习往往强调实践，甚至学也是源于"习"，通过模仿和练习达到学的效果。二是这个学习的过程与生活融合在一起（当前的学习往往从生活中被独立出来，放到学校里和书本中），学习的目的就是掌握生活经验，其本身也因融入而成为生活的一部分。融入生活的学习不仅是生动的，更是丰满的，因为其中包含了学习者在知识、技能、情感、态度等各方面的体验。三是这个学习的过程往往在人与人的交往互动中完成，同时伴随着玩耍、游戏等行为。

以上这种在生活场景下的学习让学习者有着天然的亲切感，学习者在这个行为过程中处于一种自然的、感兴趣的状态。相反，被独立出来的学习因为脱离生活而天然令人排斥，学习者需要付出额外的力量，就像克服地球引力一样，这让学习行为显得吃力。因此，让学习更多地走进生活场景中，不仅能够改善学习者的学习状态，还能让学习走出当前因脱离生活而变得较为抽象的"骨感"状态。

大圈决定，要好好吸收生活场景下学习的特点，并将其有机融入当前小圈的学习中，争取能够让小圈的学习多一些轻松和开心。一是要注重"学"与"习"的结合，不仅要加强学后的练习，也要注重问题导向，让小圈在解决问题中找寻理论。二是要关注情感，理解和鼓励小圈，不仅是为了帮助他改进学习状态，更重要的是，这有利于促进小圈人格的完善，情感的丰盈无疑是健全人格的首要基础。三是要充分发挥社群学习的特点，鼓励小圈和伙伴们交往，让小圈多一些时间和伙伴们在一起学习和成长。

大圈陷入对于学习含义的思考中时，小圈已经放学回家了。小圈放下书包，将数学课本拿出，背起乘法口诀。小圈背诵效率很高，不一会儿就背完了，走到大圈面前炫耀道："你看我效率多高，半小时背完乘法口诀。"大圈一把搂住小圈，夸奖道："你真是一个自觉的孩子，一回来就主动学习，还这么高效。接下来，我想和你玩一个关于乘法的游戏，可以吗？你去把邻居妞妞找来，我们一起进行乘法计算大赛吧，赢的人可以得到奖品哦。我们比赛的题目是——冰箱里有三种冰激凌和四种水果，每种冰激凌有六个，每种水果有五个，请问我们一共有多少冰激凌和水果，列出算式，算出结果。每个人吃六个冰激凌，那么冰激凌够几个人分？"小圈开开心心地去落实了，最后还取得了胜利，获得了奖品。

（三）什么是教育

教育是与学习对应的概念。在孩子学习的时候，老师和家长的指引和陪伴就是教育。好的学习一般都对应着好的教育，好的教育很可能会导出好的学习。那么教育的内涵是什么呢？

1. "教"和"育"的统一

从词源看，在中国"教"字最早出现在甲骨文中，意思可以解释为用鞭打的手段迫使孩子学习文化知识。甲骨文中"育"则表示妇女孕育儿童之事。[①]《说文解字》中称："教，上所施，下所效也"，"育，养子使作善也"。[②] "教育"二字合用最早出现在《孟子·尽心上》：

---

① 涂艳国. 走向自由——教育与人的发展问题研究 [M]. 武汉：华中师范大学出版社，1999：124.

② 徐廷福. 词源学视阈下中西方教育差异探源 [J]. 韶关学院学报. 社会科学，2010，31（1）：122-126.

"君子有三乐……得天下英才而教育之，三乐也。"① 现代概念上的教育一词伴随着现代教育理论由西方引入，是对 education 的对译。② 可见，教育也是一个复合词，包含了教与育的过程。"教"侧重于帮助受教育者实现知识的增加和能力的提升，而"育"则在于使得受教育者的品格趋于完善。著名教育家叶澜就特别强调，教育是以有意识地影响人的身心发展为直接目标的社会活动。身心发展就包括知识、能力、品格的综合发展，即成为完满的人。

2. 学校教育

当然，教育也有广义和狭义之分。狭义的教育即为学校教育，是由专职人员和专门机构承担的有目的、有系统、有组织的，以影响入学者的身心发展为直接目标的社会活动。③ 与学校教育相关的一个很重要的概念是职业教育。《中国教育百科全书》中关于职业教育的定义是：指在一定文化和专业基础上给予受教育者从事某种职业所需的知识技能的教育。目标是培养实践应用型专门人才，即各行各业所需要的技术、管理人员，技术工人和城乡劳动者。④ 学者刘春生认为：从广义上说，一切增进人们的职业知识和技能，培养人们的职业态度，使人们能够顺利从事某种职业的教育活动都是职业教育；从狭义上说，它就是指学校职业教育，即通过学校对学生进行的一种有目的、有计划、有组织的教育活动，使学生获得一定的职业知识、技能和态度，以便为学生将来从事某种职业做准备。

---

① 任平，孙文云主编. 现代教育学概论 [M]. 广州：暨南大学出版社，2013：13.
② 王道俊，王汉澜. 教育学：2 版 [M]. 北京：人民教育出版社，1999：122-127.
③ 叶澜. 教育概论 [M]. 北京：人民教育出版社，2006：21.
④ 张念宏. 中国教育百科全书 [M]. 北京：海洋出版社，1991：55.

3. 大圈对教育的理解

大圈既是一名小学语文老师，又是小学生小圈的爸爸，从他的角度看，教育是一个包含了多方面含义的混合概念。

首先，这个教育包含了学校教育的特点。大圈作为学校的老师，小圈作为学校的学生，所直接面向的是学校的教育。学校教育侧重知识的传播，其最直接的价值标准是成绩的高低和升学情况。

其次，这个教育也有着职业教育的意味。小圈很小的时候就有一个职业理想：成为一名侦探大王。那么在其成长的道路上，必然需要积累相关的职业能力（包括大学专业选择），为实现职业理想提供支持。

最后，这个教育也有着一般广义教育的基本要求。因为教育从广义上是一种社会活动，是社会进步中社群对其成员不断社会化的过程，其价值指向是促使其社群成员形成符合当前社会价值观念的品格。无论将来从事何种职业，不管其在学校中成绩好坏，小圈终究要成为社会的一员，甚至其已经成为社会的一员。由此，他就已经身处社会化教育的过程中。同时，作为一个社会人，合格的社交能力、基本的生活能力、健全的品格等，这些都是小圈在逐渐成长中需要具备的。

因此，大圈总结，他的教育就是学校教育、职业教育、社会（生活）教育的综合体，它蕴含着各自的特点，又相互融合产生了新的要求。大圈认识到原来做好教育并不是一件容易的事，因为它有着多重目标。大圈突然感觉到自己任务艰巨，责任重大。

4. 教育的多重目标

就通俗意义而言，学校教育衡量的主要是学习者的学习成绩，职业教育的指向在于学习者的职业成功，而广义上教育的最终目标就是促进学习者的人生成长，即走向人生幸福。我们面临的教育一般都包含了以上不同的目标要求，即教育目标具有多重性。教育目标的多重性很容易使得家长及学习者在教育过程中出现困惑，面临矛盾，比如一些家长既希望孩子能够实现知识的增长，得到一个好的成绩，又希望孩子能有一技傍身，将来能从事好的职业，于是通过多样的辅导班为将来打下基础，但是这样就会使得孩子因为"超负荷"而疲惫，失去了成长的快乐。

我们对以上教育目标的综合追求无可厚非，但是如果缺乏合理区分就容易导致混淆甚至混乱，由此导致一系列不良的后果。比如我们往往将孩子"摁"在课桌前，明明是为了获得一个好成绩，却以"我是为了你好，为了你将来过上幸福的生活"为理由。实际上，成绩好为过上幸福的生活提供了更好的基础条件，是否能够过上幸福的生活关键在于孩子的情感模式，即获得幸福的能力。我们经常能看到的学业成功但是过得很不幸的案例，就是很好的佐证。相较而言，如果以孩子的幸福生活为指向，培养孩子稳定的情绪，积极的态度就显得更为重要，达到此目标，不能以压抑孩子的个性、打击孩子的信心、抹杀孩子的兴趣为代价，否则得不偿失。合理区分不同目标的重要程度，有重点、分阶段合理设置目标，适当取舍，是避免目标混乱的有效方式。

5. 大圈的取舍

关注不同的教育目标会带来不同的教育行为倾向。比如孩子拿着一份不及格的成绩单回家的时候，一部分父母可能会大发雷霆："怎么又考不及格""肯定是平时不好好用功""明天开始取消半小时的玩耍时间，以示惩罚"。大圈从前可能也会这样，不过现在有了新的想法。他认为，首先应该关注的是不及格背后的缘由：成绩不理想是因为发挥失误还是知识点没有掌握牢固？如果是知识点没有掌握牢固，那原因是什么？是学习方法有问题，还是学习态度的问题？如果是学习态度的问题，原因又是什么呢？是因为孩子存在厌学情绪了吗？那厌学情绪又如何而来呢？是不是因为之前的过度批评呢？大圈知道了，大部分的问题得从情感入手。大圈决定以此为机会培养孩子克服困难的勇气、自我规划的能力，同时给予孩子鼓励和帮助，让孩子有信心，进而找到路径，克服困难。大圈不断告诫自己，应该关注的是孩子面对困难的思考方式和行为模式，而不是一时的成绩高低。

如何给教育的多重目标进行区分？大圈心中已经有了打算：从长远看，首要关注的应该是孩子的成长，成长为一个品格健全的人。其次才是成绩，为将来的发展打下基础。同时，应该结合生涯规划，积累职业能力，为将来选择职业做好铺垫。

如何通过教育帮助孩子成为品格健全的人？如上所言，"教，上所施，下所效也"，"育，养子使作善也"，通过言传身教，使得孩子能够有阳光积极、向上向善的品质，在此过程中，孩子身心和谐，品格健全发展。

就小圈而言，大圈希望他将来成为一个阳光开朗，懂得感恩和品味生活，同时又具备足够生存能力的人。"大富大贵""高官厚禄"似乎不是他的追求。同时，大圈也知道，小圈是一个独立的个人，他有着自己的想法和人生，自己只不过把他带到这个世界，并陪他走一段路程，大圈时刻提醒自己："不要想着控制，也不要轻易评价，陪着就好。"

当然，每个人对教育有不同的目标和设定。每个孩子都是不同的，每个家庭也是不同的，只有结合个体实际的才是可行的。

（四）"教"与"学"的关系

学习和教育是两个十分接近的概念，二者都是围绕着一个共同的目标，即学习者（受教育者）的成长成才而开展的一系列活动，以至于我们经常用"教学"一词将二者融合。但是，学习和教育是两个完全不同的概念。

首先，二者的实施主体不同，学习是学习者作为主体实施的自主行为，而教育是教育者为主体，以受教育者为对象实施的行为。

其次，二者的地位不同。学习是学习者围绕某些知识内容而开展的自主"学"和"习"的过程。教育则是教育者围绕受教育者的学习活动而提供辅助的过程，虽然教育者发挥着引导的作用，但总体而言可看作一种对促进自主学习的辅助。

最后，二者的内容范围不同。教育的辅助性活动除了包括围绕当前学习活动开展的配合性教育活动，也包括在这个过程中进行延伸的教育活动，即跳出当前知识点，而借此机会将自身的成长经历、人生道理等同步传递给孩子，让孩子得到更多的经验和成长。从某种意义上，家长的延伸教育部分才是促进孩子们个性化成长的关键内容。

因此，处理好学习和教育的关系要注意以下两点：

一是摆正位置，做到教以促学。从学习的角度看，学习者才是主体，教育者（主要指家庭教育中家长）要摆正自己的位置，不能用教替代学，而应以教促学。具体而言，就是家长要坐在副驾驶的位置，履行副驾驶的职责，通过鼓励、提供导航、给出建议等方式，让坐在主驾驶的司机能够更加自信、自主地驾驶"车辆"，到达预定目的地。

二是发挥作用，做到教以导学。教育的另一项重要职责就是通过延伸教育，帮助孩子更好地成长。在辅助学习的过程中，通过经验传递、榜样示范等方式融入情感和价值引导，帮助孩子形成高尚的品质和健全的人格。具体而言，就是坐在副驾驶位置上的家长不仅要在乎此次旅程的终点，更要关注人生道路上的目标，让孩子掌握导航的方法和人生的方向，为将来的独立驾驶做好准备。

总之，既要发挥教育者的引导性，又要突出受教育者的主动性，这就需要教育者在思想上要高一些，这样才能够引导，在姿态上要低一些，这样才能更加突出学习者的主体性地位。

三、场景的作用：知识存在的地方

小圈有一项家庭作业，就是认识三种不同的昆虫，并描述它们的特征。小圈打开电脑，点开百度搜索，首先挑选了一种之前不认识的昆虫，开始通过介绍了解它们的习性。百度页面显示："马蜂，又称为蚂蜂、胡蜂或黄蜂。体大身长，毒性也大，属膜翅目之胡蜂科，马蜂的口器为咀嚼式，触角具 12 或 13 节。通常有翅，胸腹之间以纤细的腰相连，雌性腹部具可怕的螯刺。成虫主要以花蜜为食，但幼虫以母体提供的昆虫为食。"虽然对于大圈而言，马蜂是一种再熟悉不过的昆虫，但是面对这许多的文字，他也不知该如何更为具体地解释。小圈也是似懂非懂的样子。于是大圈想了一个好主意，干脆带着小圈花了一个下午到处去寻找"活物"。终于在一个屋檐下，一只忙碌的马蜂映入眼帘，小圈兴奋地仔细观察起来，最后弄明白了，并顺利地完成了作业。

同样是对马蜂的探索，显然现场观察比从文字了解更为有效。

（一）什么是知识

"知识"是一个在学习生活中再平常不过的词汇，学生们埋头苦学，就是在认真地学习知识、掌握知识。但是对于什么是知识，目前仍缺乏更准确的定义。从广义而言，知识是符合文明发展方向的，人类对物质世界以及精神世界探索的结果总和。人类积累的所有的信息、经验等都是知识。从狭义角度，知识是学生在学校教育中要掌握的全部知识点，也称为课本知识。

知识如何获得？不少人依据经验认为，知识可以通过背诵记忆获得，即学习者只要能够把已有知识背诵记忆，就能够将此吸收转化为个体知识。然而，构建主义学者认为知识是主体与环境或思维与客体相互交换而形成的知觉建构，即知识是学习者在对已有知识理解掌握而形成个体认知后构建出来的。结合经验，我们不难理解，如果对于一个知识点，仅仅记忆了文字内容，而没有理解其中的内涵，那么我们并不能说对此已经掌握。只有当我们对其充分理解，能形成自己的见解或者能够对此加以运用的时候，才算是真正掌握了这个知识内容。可见，对于知识的学习不是通过简单的复制传递实现的，而是学习者依托已有知识的知觉再建构。

知识如何分类？安德森从信息加工模拟的角度，把知识划分为陈述性知识和程序性知识两大类，并认为知识的本质就是这两类知识的不同表征。① 陈述性知识可以用语言表示，程序性知识不容易用语言表示，往往体现为动作和方法。在课本知识中，一些知识点可以通过记忆而快速被理解，如考试中经常出现的概念题，往往属于陈述性知识；而大部分知识往往不能够直接被表述或者记忆，需要深入理解，并结合实际进行分析，这类知识往往属于程序性知识。对于二者学习的方法也就各有不同。

综上，在学校里，学习的直接目的就是充分掌握教纲要求的知识点。从知识获取的角度看，机械地将知识点记忆或者重复并不能算是获

---

① 李越，霍涌泉．心理学教程：第二版［M］．北京：高等教育出版社，2006：94.

取了这些知识（虽然能够得到较好的分数），只有学习者围绕此知识点形成了自己的认知，能够加以运用的时候，这个知识才算被掌握。这个过程的实现依赖于个体通过知觉建构而实现的自我思维结构的更新。因此可以说，所谓知识的获得或者增加，其实质是学习者个体思维结构的更新。

（二）什么是情境

情境是符号互动理论的术语，指在任何环境下，人们对外界刺激的内部解释过程。符号互动理论主张在人们相互作用中研究人类群体生活，在社会互动的过程中，人们会对外界的刺激进行解释，并且给互动的情境确定一个明确的意义，来指导自己的行为。可以这样简单理解：情境是人们理解外部环境和关系的内部映射，是客观世界在大脑中的符号空间表达，是人们脑海里代表着客观的世界，是头脑中对外部环境和关系的思维解释模型。头脑通过"观察"这种情境模型而理解外部环境和关系。因此，学习者在学习中，其理解的过程也是情境构建的过程，外部刺激被构建为大脑能够"看见"的"画面"，进而被理解。举一个例子，我们在谈论"狗"这种动物时，头脑中一般都会出现"狗"的"画面"，否则我们无法理解"狗"这种动物。

（三）情境与场景的连接

信息是知识的载体，学习的对象是信息，信息被吸收后成为知识。人们接收信息有多种形式，包含视觉、听觉、触觉等，其中以视觉最为普遍。通过视觉接收的信息也有很多种，最有代表性的类型包括了二维的文字和图片、三维的直观现象等。不同类型的信息往往可以相互转化，比如将眼前公园里发生的现象描述成一段文字，就是将三维的直观现象信息转化为二维的文字形式。同样，根据说明书的文字描述，组装一个积木模型，就是二维转化为三维的形式。对于三维直观的现象，我们可以简单将其理解为场景。

如前所述，知识的获得是学习者知觉构建的过程。在这个过程中，学习者要将外部刺激"翻译"成头脑能够"看见"的某种"画面"。画面是场景在头脑中的映射，通过这个过程，大脑对外部刺激形成了知觉，这也就是情境化的过程。一般而言，外部信息越直观地反映场景状况越容易被大脑"翻译"。以常见的三类信息为例，比如三维信息本身直接源于场景，其直观性最为明显，因此被大脑"翻译"的难度较小；而二维的图像信息是场景的一个图像片段，也具有较好的直观性，因而也较为容易被"翻译"。但对于二维的抽象文字，由于其本身不具有直观性，因此其被"理解"难度是最大的。这也是为什么儿童图书中往往需要配以插图，纯文字的大部头读物往往比较晦涩难懂。所以，促进有效学习就是要帮助学习者更为有效地完成情境化的过程。

（四）学习的多种类型

按照信息来源形式的不同，可以把学习分成三类：活动性学习、观察性学习和符号性学习。

活动性学习是指通过个体与客体的相互作用、通过活动实现的知识经验的增长。学习者以现有的知识经验为基础，带着一定的目的对现实的事物（客体）展开实际的观察、操作和实验等，由此建构起关于客体及活动的知识经验。

观察性学习是指个体通过对其他人与客体的相互作用（即活动）过程的观察而实现的知识经验增长。学习者不仅可以从自己的活动中获得知识经验，而且可以通过对他人活动过程及其结果的观察和分析，来丰富或改造自己的经验。观察的过程也是一个建构的过程，是主、客体相互作用的过程，是所观察到的信息与原有经验相互作用的过程。

符号性学习不仅指对符号本身的学习，更主要的是指个体在通过语言符号与他人进行交流的过程中实现的知识经验增长。学习者通过语言（口语的或书面的）等符号与别人进行交流，在此过程中来理解其他人通过各种途径建构起来的知识经验，其中包括人类世代积累下来的文化、知识体系。

无论何种学习方式，其所学习的信息都不是孤立的，而是蕴含在一个场景中，脱离场景的孤立的信息是不容易被理解的。相较而言，活动性学习和观察性学习对于情境化构建而言，难度最小，因为其本身具有完整的场景性，同时由于活动性学习还具有参与性的特点，其对场景性的理解和转化会更为简便。由于符号性学习具有抽象性的特点，学习者在情境化过程中一般需要先进行场景化的还原，这也是符号性学习相较更为复杂的原因。当然，由于较少受到时间和空间的限制，符号性学习越来越成为学习的主要形式，学习的内容也由此变得越来越抽象，并且脱离场景。因此，充分发挥三种学习方式的特点，通过活动化设计和场景化还原，提升符号性学习的场景性和参与性，是促进提高学习效率的有效方式。

四、游戏由来已久：消除偏见

（一）玩游戏引起的风波

小圈从学校回来，一头扎进房间，大圈心中暗喜：小圈这么积极，又开始写作业了。过了好一会儿，大圈拿着一些水果，想要犒劳一下小圈。一进房间，只见小圈拿着电话手表在"沉浸式"玩着游戏呢。大圈一把夺过小圈的电话手表，严厉批评道："玩游戏影响学习，以后再不准拿电话手表玩游戏。"在大圈的意识里，玩电子游戏就是"不务正业"。小圈很委屈："这是数字串烧游戏，班里同学都在玩，我们还要比赛呢，连老师都允许我们玩。"说着赌气走出了房间，不理大圈了。大圈突然意识到：自己连小圈玩的是啥游戏都不了解，就对玩游戏这个行为这么反感，这是不是一种偏见呢？那又为什么会有这种偏见呢？大圈自己也说不清楚，回想起自己打小就接受这样的教育——游戏是影响学习的"罪魁祸首"。冷静下来后，大圈觉得自己该重新思考一下游戏的本质是什么了。孩子如果玩游戏能够被接受吗？

（二）游戏体现了一种状态

《说文解字》曰："游，旌旗之流也。"其本义是饰于旗帜上下垂的飘带，并由此引申出了悠闲从容、无拘无束的含义。孔子尚游，他将"游"与"学艺"联系起来："志于道，据于德，依于仁，游于艺。"这里的"游于艺"即指游憩于"礼、乐、射、御、书、数"六艺活动之中，"游"意味着从容不迫、悠闲自得，不急功近利，近乎一种自由的状态。"戏"本义为角力、竞赛体力之强弱。"游"与"戏"连用作为一个词，始见于《韩非子》中："管仲之所谓言室满室，言堂满堂者，非特谓游戏饮食之言也，必谓大物也。"由此可见，游戏一词的本义是指以一种自由的状态而开展的竞技活动。

当前，人们谈论的游戏指称的是狭义的游戏，其概念往往与娱乐混同。娱乐是以追求快乐为目的的活动，其焦点集中在当下活动的即刻效应上，即给人带来快乐。想想小圈在玩游戏时"沉浸式"的状态，大圈觉得游戏和娱乐同样能够给参与者带来快乐体验是二者容易被混淆的原因，即二者都可以达到"游"的状态。二者的差异体现在目的性不同。娱乐是以消遣为目的的，游戏中的"戏"本义为竞技性活动（六艺），在当时的社会背景下，其除了消遣，还有提高技能的作用和意义。因此，超脱消遣目的的，经过主动设计而开展的游戏，是能够成为促进学习的有效方式的。通过设计有着积极目的的竞技性活动，可以激发参与者的主动性和热情，从而达到"沉浸式"的学习状态。大圈认为这就是游戏化设计的理念。

（三）游戏是探索世界的有效方式

游戏概念，其虽有"玩"的意味，但是它也往往是人们用以理解周围世界的工具和手段。在人生各个阶段中，年龄越小的人游戏活跃度越高。对于儿童来说，游戏就是他们的一种基本交往形式。有学者根据游戏动机的不同，将儿童游戏大致分为五种类型：（1）探索性游戏，这是由客体和事件的未知成分激发的游戏，其目的是获取信息知识，满足好奇心。（2）创造性游戏，多指改造自己已有经验去处理新的问题，从超越中获得喜悦与满足。（3）娱乐性游戏，这是儿童生活单调或感到寂寞时所寻求的一种解闷消遣式的游戏。如在房间里无目的地来回走动，反复转换电视频道或无目的地更换活动内容等。（4）模拟性游戏，即儿童重复别人的活动结构和象征意义的游戏。这类游戏的目的不在于游戏本身，而在于从游戏中获得能力以增进成长。（5）宣泄性游戏，指借游戏以发泄积压的内在的郁结和心理冲突。此类游戏具有心理治疗功能。① 到了成年人阶段，游戏更主要集中在娱乐性和发泄性游戏，其外延越来越窄。② 可见，游戏除了有娱乐功能，其作为探索周围世界的工具，对于个体成长有着积极意义，特别是对于儿童成长阶段，游戏是其探索和学习的重要方式。正确理解游戏的含义，充分发挥游戏在儿童成长中的作用，科学抽取游戏化要素，通过游戏化设计，可提升知识学习过程中的场景性和参与性，进而提升学习者情境化效率。

---

① 张春兴 . 张氏心理学辞典［M］. 台湾：台湾东华书局股份有限公司，1992：76-80.

② 吴航 . 游戏与教育：兼论教育的游戏性［D］. 武汉：华中师范大学，2001.

五、可以经历的场景：记忆宫殿法

（一）从出门拿钥匙想起

大圈和小圈今天安排了游乐场的项目，头一天晚上，大圈给小圈布置了任务，由小圈负责带上钥匙和捞鱼网兜。一早起来，天气晴朗，阳光明媚，是一个游玩的好时机，游玩二人组准时出发。小圈兴奋得一路欢歌。走到半路，小圈突然回过神来："啊，网兜忘带了！""钥匙呢？""钥匙没忘。"好吧，二人组折返。

同样认真准备，同样兴奋带来对当下记忆的影响。但是网兜忘了，而钥匙却没忘，为什么呢？这貌似是一个普通的问题，却让大圈陷入了思考。

仔细观察发现，小圈出门经常也落东西，但是钥匙一般不会落下，因为钥匙放在一个固定的地方，甚至拿钥匙已经成为一个固定的动作了。其中的原理和罗马记忆宫殿的记忆方法有相似之处。

（二）罗马记忆宫殿法

罗马记忆宫殿法可以从西摩尼得斯的故事讲起。据说这个西摩尼得斯在参加宫廷宴会的时候，有位年轻人在宴会厅外找他。他刚一踏出大门，宴会厅就突然倒塌了，当时死伤了很多的人。因为尸体模糊根本无法辨认，于是他凭借着自己的记忆，根据不同座位回忆起当时客人的名字。这种运用有顺序的位置去记各种各样材料法就被称为"记忆宫殿法"。此后，希腊和罗马的哲人政客们就开始广泛地使用这种记忆宫殿法来帮助自己进行记忆。

虽然这是一个传说的故事，但我们可以从中窥探一下罗马记忆宫殿法的特点：

一是逻辑移植。任何知识如果没有逻辑性，是无法被我们理解的，那我们自然无法有效记忆。借助记忆宫殿的捆绑效应，房间的空间逻辑被借用了。这些人物通过房间形成了逻辑关系就很容易被理解了。当然，记忆宫殿是一个暗喻，并不一定是宏伟的建筑，它可以是任何我们熟悉的地方或者部位。它可以是我们的家、每天上班的路线，甚至是身体的部位等。这个熟悉的地方或部位将成为储存和调取信息的指南。

二是图像记忆。大脑擅长形象记忆和空间记忆，有研究表明人的图像记忆和空间记忆能力是抽象能力的 100 万倍以上。所以，我们能很轻松地回忆起房间的模样。

三是实际经历。最好的记忆就是让其真实发生，因为经历过，自然轻而易举地形成记忆。在宫殿场景中加入了实际经历，个体就能很容易地回忆起其中的内容。

运用记忆宫殿法的三个步骤：

一是选择或者建立宫殿。记忆宫殿法的有效性取决于其在使用者脑海中能够轻易地再现，并能够在其中漫步的程度。使用者必须仅仅用精神的"眼睛"就能身临其境。对这个地方的细节再现越鲜明，记忆就越有效。因此，首先需要选择或者建立一个宫殿，不仅个体对这个环境和逻辑十分熟悉，而且宫殿需要具有很好的承载性，即各类的内容能够在其中"安放"。

二是在宫殿里确定一条特别的路线。确定路线的目的就是对宫殿进行"巡视"时有清晰的线索。同时，线路一般由明显的特征物作为连接节点。比如，如果选择巡视自家的客厅，从鞋柜开始，到电视、装饰画、沙发等，依托节点连成一条逻辑线路，每一个节点都将成为一个"记忆挂钩"，可以用来储存一个特定的信息。

三是将需要记忆的特定内容对应"挂在"记忆挂钩上，形成联系记忆。按照路线，在脑中开展巡视，并在不同的节点处开展记忆，记忆宫殿法通过形象化的联想起作用，经过反复练习，特定内容的记忆就完成了。

（三）游戏的结合

有一次，小圈在背课文，也许是一个人没劲，背了一会就觉得无聊，摇头晃脑，心不在焉。大圈过来，说道："咱们来比赛吧，不仅要背出课文，还得模仿里头人物的动作，谁背得完整，并且模仿得像，就算赢。"小圈一听，立马来劲了，一下就从"死鱼态"活了过来。

大圈利用卧室设计了一个记忆宫殿，并分别找了门、书桌、椅子、书架、画像作为五个记忆挂钩点，然后设计了一个闯关游戏。每一个挂点对应一个段落，段落内容与挂点通过想象产生联系，最后通过一轮游戏，小圈对课文的梗概有了大致了解。他不仅很快完成了任务，也度过了一段愉快时光。

大脑的活跃状态决定了学习的效率，通过观察我们不难发现，游戏时孩子的大脑异常活跃（这个大致从孩子的眼神可以看出），此时他的理解能力和记忆能力非常强大。相反，当一个孩子在熬夜赶作业，或者在较大压力下背诵时，大脑处于并不活跃的状态，学习效率十分低下。所以，根据大脑的活跃程度调整学习的节奏，不仅能够提高学习效率，也能够调动孩子学习的积极性。与此相对，长期处于大脑不活跃状态下的学习，容易导致学习信心消耗和大脑疲劳等不良后果。

六、清晰的索引：思维导图

（一）图书馆的目录

小圈喜欢看漫画，朋友推荐了一本《戏说三国》漫画书，小圈着急要看，大圈只好带着小圈来到附近的图书馆，看看能否找到。来到图书馆，通过电脑搜索，得知这本书的位置编码为 L-9-8，翻译过来就是历史类 9 排 8 号柜。顺着这个线索，很快就找到了。小圈迫不及待地席地而坐，看了起来。

听说图书馆里藏书 100 万册，看着图书馆密密麻麻的图书，大圈感慨，这个索引的方法真了不起，通过精准的定位，立马就能够找到它。想想小圈家里摆放杂乱的玩具，如果也能够按这种索引编排，是不是就不用每次为了找一个玩具翻箱倒柜大半天？同理，小圈在考试时不也在一堆的"知识点"中翻找要点，如果能够建立索引，是不是也能够帮助快速回忆，进而提高考试分数呢？经过查找，还真有一种方法能够有效帮助建立知识索引，就是制作思维导图的方法。

（二）思维导图

关于思维导图，较为普遍的有"图形"和"工具"两种理解，一部分人认为思维导图是一种"可视化"的图，其能够将抽象逻辑语言转化为直观形象"图"。另一部分人将思维导图看作一种表达"工具"，认为其是一种非常优秀的思维可视化工具，可以帮助进行思路梳理或者进行笔记记录。无论做以上何种解释，思维导图的使用都有利于我们进行思维活动和记忆活动。

为什么思维导图能够帮助实现记忆，加拿大心理学家佩维奥提出的"双重编码理论"能够有所解释。这种理论的主要观点是记忆包括两个不同的但可以相互关联的编码通道，它们是语义编码系统和表象编码系统。人们通过编码来处理、组织、存储和提取信息。语义编码通道主要处理言语信息，而表象编码系统专门处理非言语客体和事件的知觉信息。研究发现图画比具体词更容易被记住，原因是图像不仅可以被表象编码系统进行强有力的信息加工，还能在中等强度上被语义编码系统加工。所以知识以图解的方式表示出来，为基于语言的理解提供了很好的辅助和补充，大大降低了语言通道的认知负荷，加速了思维的产生。思维导图作为一种图文并存的知识可视化工具，能够增进长时记忆中个体知识与经验存储的数量与质量。

制作思维导图，一般包含了以下几个步骤：一是中心图确定。将学习主题集中于中央位置，成为中心。二是分支结构确定。可根据不同的需要确定不同的分支结构形式，包括开放型、闭合型、循环型等。三是分支节点确定。分支节点由一个关键图形或关键词构成，并放置于分支之上。分支节点有不同的级别，不同级别的内容可采用不同的色彩进行区分。

　　既然思维导图能有这样的功效，大圈自然得好好学习和利用。大圈还发现其实在日常学习生活中，我们已经不自觉地在使用着思维导图了。比如语文课本的目录就是一个简化的导图。目录不仅能够帮助快速查找相关内容，还能够让我们对课文的结构和大概内容有所了解。

七、场景穿越游戏学习法：一种综合的方法

大圈通过信息收集，对于学习和教育的概念有了自己的理解，同时也掌握了一些学习和记忆的方法。大圈觉得这些方法各有优势，就看是否能够将它们结合在一起，形成一种综合的方法。经过反复尝试，大圈还真的提出了一种新的方法——场景穿越游戏学习法。所谓场景穿越游戏学习法就是创设一个场景，学习者以游戏为媒介"穿越"到场景中，借助经历场景的直观记忆而掌握其中"知识点"的方法。大圈决定，就以汉字学习为例，进行方法的探索和实践，引导小圈通过"游戏"开展学习。

（一）汉字拦路虎

小圈有一个汉字听写的任务，他很着急，早早地坐在书桌旁开始认真学记。但是学习效果并不理想，总是学了后面忘了前面。单个听写可以，但是混合在一起就会张冠李戴。听说汉字是最难学习的文字之一，看来果不其然。为此，大圈好好总结了一下，找到了几个汉字学习的难点：

1. 抽象性。汉字是世界上最古老的文字之一，它是记录事件的书写图形标记，为了便于书写，不断简化成某种符号，因此具有抽象性。

在形体上，汉字逐渐由图形变为由笔画构成的方块形符号，所以汉字一般也叫"方块字"。

2. 复杂性。汉字由象形文字（表形文字）演变成兼表音义的意音文字，其具有集形象、声音和词义三者于一体的特性，这一特性在世界文字中是独一无二的，因此它具有独特的魅力，但同时也具有复杂性。

3. 多变性。初期的汉字系统字数不足，很多事物以通假字表示，使文字的表述存在较大歧义。为完善表述的明确性，汉字经历了逐步复杂、字数大量增加的阶段。汉字数量的过度增加又引发了汉字学习的困难，历史上出现过的汉字总数有 8 万多（也有 6 万多的说法），单一汉字能表示的意义有限，于是有许多单一的汉语意义是用汉语词语来表示，例如常见的双字词。汉语书写的发展多朝向造新词而非造新字。实际上人们日常使用的汉字不过六千多而已，这也造成了许多多义字的存在。

（二）说说偏旁和部首

"偏旁部首"常常连在一起说，于是有些人就认为"偏旁"和"部首"是一回事。其实，偏旁和部首虽然有某些联系，但却是两个不同的概念。①

1. 关于偏旁。按传统说法，汉字从独体字发展到合体字便产生了偏旁。每个合体字至少由两个偏旁组成。因为汉字大部分是左右结构，故左边称偏，右边称旁。后来人们习惯于将左右上下不同部位都统称偏旁。偏旁是合体字中常见的组成部分，也称部件。人们习惯把合体字的

---

① 余胜泉. 从知识传递到认知建构、再到情境认知：三代移动学习的发展与展望[J]，中国电化教育，2007，245（6）：7-18.

上、下、左、右、内、外各部位，任何一个结构单位统称偏旁。一般来说，在上称"头"，在下称"底"，在左称"旁"，在右称"边"，在外称"框"（有些偏旁，在不同的位置，形体有所改变，称谓也不相同，如"人"在"会"字中，称人字头，在"仙"字中，称单立人）。

2. 关于部首。部首是字典、词典根据汉字形体偏旁所分的门类。部首的创设为编纂字典、词典提供了简便易行的序目，也为使用字词典提供了方便。现在的《新华字典》（商务印书馆 1987 年版）共设部首189 个，其中有 50 多个现已不能独立成字。因此，部首是字书编纂中使用的概念，若干字共有某一构造成分，则归为一部，编书时就让共有的构造成分打头，因此称为部首。简单地说，偏旁是帮助学生记忆字形的，而部首是用来查找汉字、增识字词的。

部首和偏旁虽然不同，但是也有交叉的关系。有的是部首，也是偏旁，如亻、山、石、穴等；有的是偏旁，不是部首，如"ナ（右字头）、⺍（党字头）、夫（春字头）、⺌（学字头）"等。总的来说偏旁多于部首，偏旁部件有 500 多个。

（三）记忆的办法——场景穿越游戏法的运用

运用场景穿越游戏法对汉字进行记忆，主要包括以下几个步骤：

第一步，设计虚拟场景。建立汉字王国，这个王国里存在复杂的关系，并发生着丰富的故事，能承载所需要的汉字。王国的设计同时需要符合学习者的认知特点，容易被理解和接收。为实现以上目标，汉字王国需要满足以下几点要求，分别是空间周延性、逻辑完整性、可承载性和生动性。

第二步，设计线索及节点。以故事链条为线索，刻画出王国里完整的逻辑主线。依托逻辑主线还存在大量的连接节点，这些节点起到记忆挂钩的作用。

第三步，参与其中并形成印象。需要汉字王国与学习者的互动通道。可以通过游戏参与的方式实现。在游戏的过程中，学习者能够"身临其境"，并对"沿途"的节点形成印象。

第四步，线索还原及节点记忆。印象需要反复被唤醒才能成为较为深刻的记忆。通过回忆、重复参与等方式，对其中的节点（即我们设置的知识点）形成记忆，再经过反复强化，达到知识点记忆的目的。同时可配合思维导图的使用，进一步提升记忆效果。

第五步，联想延展。由于场景的外延是无限的，因此可以在其中嵌入的知识点也是无限的。通过联想实现拓展，则可以充分发挥场景作用，保证了场景的开放性和延展性。学习者可以依据已有的王国模型不断延伸拓展出适合自己的新的王国模型，并不断加入汉字节点，实现汉字学习的可延展性。

八、场景创设：智慧小圈破案记

最近，小圈迷上了侦探小说，一有时间就看书，感觉一下子就成了故事大王。大圈和小圈甚至开始一起写剧本、编故事。有一天小圈兴致勃勃地跑到大圈的书房，表情严肃地说起了自己的"奇遇"。

（一）礼物惹的祸

展览馆的唐老伯送给小圈一个老式的摆钟，个头不大，即使钟身稍微脱漆也无法掩饰它的精巧，据说这摆钟在展览馆里已经很久，连唐老伯也不知道它的年头。正好这次展览馆要搬迁，需要清理旧物，因为小圈喜欢，所以这个旧摆钟被当作礼物送给了小圈。小圈高兴极了。

小圈和唐老伯是忘年之交。因为小圈善良，人又活泼，每次到展览馆都会和唐老伯交谈，经常给老伯带吃的，老伯也很喜欢小圈。老伯是一个博闻的人，听说以前还是一个探险家呢。他经常会给小圈讲一些奇闻逸事，小圈每次都听得很入迷。一来二往，他们成为年龄差距很大，心灵却很亲近的好朋友。小圈也从此多了一个理想：长大后成为一名游历大江南北、精通天文地理的探险家。

夜里，看着自己心爱的礼物，小圈异常兴奋，不由得细细欣赏起来。随着钟摆左一下、右一下轻轻摆动，小圈感到一种莫名的惬意，就像置身在茫茫草地，和风徐徐，轻云飘浮，不一会儿就进入了梦乡。

但是没睡一会儿，小圈就被一阵嘈杂的声音惊醒。睁开眼，他仿佛来到了另外一个世界。他先是一惊，本能地想要跑，可是一张网很快就把他罩住了，他被一群着装怪异的人抓了起来，并被绑在竹竿上。

在后来的交流中他才知道，他被当成了窃贼。原来这个王国的国宝世袭王冠不见了，小圈成了嫌疑人。小圈没时间纳闷，他急着想摆脱当下的困境。幸亏侦探小说看得多，他急中生智，想着先摆脱当下的困境要紧，于是他假装镇定地说道："我不仅没有偷你的皇冠，我还能帮你找回来，条件是你把我放了。"小圈如愿地得到三天的破案时间，这也是他的缓冲时间，他需要在这三天内了解当前的情况，想到解脱困境的办法。

他开始整理思路。看看四周，这个陌生的世界似乎又有些熟悉。这有点像他之前和伙伴们在一起设计的汉字王国。不对，想象的世界怎么可能变成现实呢？而且设计里的世界没有这么复杂。难道，这个世界也开始了自然演化？他随手往后腰摸去，摸到一个腰包，打开一看，真的有一个万能包。对了，这就是他和伙伴们设计的汉字王国，这让他非常诧异，感觉既熟悉又陌生。

（二）北方王国与五大家族

他从万能包里掏出第一件宝物——万能地图。话说这张万能地图还是小圈一闪念的设计，设计汉字王国是小圈和伙伴们在一起时喜欢玩的游戏，他们根据自己的想象，虚拟人物，通过词语接龙的形式，设计出一个词语的世界，他们称之为汉字王国。在一次接龙中，小圈突发奇想，如果能够有一张万能地图，能够自动收集当前地理和历史信息，整理形成当前环境的总体情况，那该多好。只要带着这张地图，到任何地方都可以马上熟悉情况了。于是他就接龙了一个词语——万能地图，并给万能地图设定了这种无所不能的功能。没想到，这种异想天开的设计居然在这里实现了。

他赶紧打开地图，上面已经开始自动显示内容了。原来这里是北方王国，这是一个美丽的王国，到处是花草和美丽的昆虫，王国里有五大家族，分别承担着不同的职能：卫兵负责守护王国；占卜师是王国的军师，履行管理职能；昆虫学家、盆栽师傅、老医生三大家族都属于平民的身份，负责生产劳动。五大家族具体的分工分别为：

1. 士兵家族。他们负责守卫王国的工作，卫兵家族崇尚武力，认为什么都可以用武力解决。胜者优先是他们的规矩，所有人在舞台上比武，冠军住宫殿，吃包子；其他人住窑洞。

2. 占卜师家族。占卜师是王国的军师，他很博学，还会使用古代的技术，用含羞草或竹叶占卜，十分灵验。

3. 老医生家族。老医生乐于助人，王国里的病人都非常感谢他。他也是一座寺庙的主人。他把寺庙用作治疗病人的地方，包括房门、大厅、屋内，据说黑暗小屋是他用虫治病的地方。

4. 盆栽师傅的家族。盆栽师傅是王国的园艺师，主要负责景观设计。他经常登山，去采花草，带回来栽种，所以也是一位非常优秀的搜寻者。他总会随身带把雨伞，还有一个布满灰尘的万能套装，脚步轻盈。

5. 昆虫学家的家族。昆虫学家负责照料王国的昆虫，这些昆虫都是王国里珍贵的宝贝。昆虫学家曾经是一个罪犯，后来自己意识到错误，开始照料昆虫，用泉水和西瓜来喂养这些昆虫。夜里昆虫就会从博物馆里飞出，在空中飞舞，尾翼一闪一闪的亮光将王国的夜点亮，在这璀璨星空下人们欢歌笑语。

王国就这么些人，小圈很明白自己没有盗窃王冠，那么窃贼肯定就在这五大家族中。那么，谁会是窃贼呢？小圈以侦探的身份走访这些家族，并分别向他们问话。

小圈按照从外到里的顺序首先来到卫兵家族的地盘。卫兵家族是王国的守卫，进出王国必须经过他们的允许。卫兵看着比自己矮了半个身子的小圈，态度十分不屑。小圈拿出一个包子，卫兵立马变了态度（卫兵家族最钟情的食物就是包子），煞有介事地小声说："我得到线索，皇冠是昆虫学家偷的，你们去查吧。"

小圈没有马上下结论，他顺着去王宫的方向，来到了占卜师家族的地盘。占卜师正在研究古籍，知道小圈到访立马出迎。没等小圈发问，占卜师就直接说道："我知道您此行的目的，王冠是盆栽师傅偷的，因为我曾经在皇宫门口看到盆栽师傅鬼鬼祟祟的，我想他一定早有预谋。"

小圈又来到寺庙老医生的家。老医生说："我没偷，王冠失窃的整个晚上我都在小黑屋给占卜师治疗腿伤，用的是蛐蛐，而这种蛐蛐也是当晚昆虫学家拿给我的。"小圈似乎找到了线索，忙追问："你怎么知道王冠失窃是在晚上？""我当然知道，"老医生说，"当天晚上整个王国戒严。"

小圈还是没有头绪，顺着道路来到了盆栽师傅家。盆栽师傅说："可能是卫兵偷的，因为我曾经听他说过他很想将王冠占为己有，他的宫殿正好缺一个王冠。又或者是占卜师，因为他和卫兵是要好的亲戚。"

小圈最后来到了昆虫学家的家，昆虫学家说他只对昆虫感兴趣，对王冠没有任何兴趣，说着就拿着西瓜照顾昆虫去了。

小圈无奈拿出第二件宝贝——小型测谎机器人。测谎机器人有通过语言判别谁在撒谎的功能。在播放一遍录音之后，只听见测谎机器人"嘟"的一声，开始进行分析。过了一会儿，小圈就开始发问了："请问老医生撒谎了吗?"机器人回答:"没有。"小圈再问:"卫兵呢?"一阵沙沙声,小圈没有听清楚,于是再问,一阵"嘟嘟嘟"的声音之后机器人关机了。怎么可能? 居然会没有电了! 小圈十分懊悔,早知道这样直接问谁撒谎就好了。但是懊悔又有什么用呢? 眼看三天期限就要到了,还是没能找到小偷。小圈伤透了脑筋,心里想着要是能有哪个聪明的小伙伴能够帮助自己找到答案,揪出窃贼,那该多好呀!

(三) 列表找线索

小圈想了想,列表有梳理思维的作用,何不用列表法将五大家族及关键线索列出来呢? 说不定能够找到线索。小圈冷静下来,仔细回忆王国的情况和大家提供的线索,他细细梳理了以下几个问题,并依次展开思维过程。

1. 总共有哪些嫌疑人?

2. 他们的证言分别是什么?

3. 对比分析找到线索点。

4. 顺藤摸瓜找到答案。

小圈经过分析,终于找到了线索,破了这个案子,把王冠也找到了,不过小圈并没有将结果对外公布,他想邀请伙伴们一起玩一个侦探游戏,看看谁能够更快找到答案 (参与游戏可查看附录1:侦探游戏)。

小圈将王冠归还了国王。国王很高兴,因为王冠是权威的象征,找到王冠能让这个王国重新归于稳定。为了表达感激,国王将小圈封为王国的决断大将军,可以自由出入王国,并有权统领各家族。小圈自然也是很欢喜,这些天忙于破案,他还没来得及了解这个奇妙的王国呢,加上他已经是这个王国的大将军了,他决定来一次巡视,细细了解这个王国和家族人物。

（四）家族人物

这个王国很美丽，家族人物也是个性迥异。每个家族人物所处的环境、摆设的物件也各不相同，每个家族有着自己的行事风格。

1. 卫兵家族

卫兵①家族负责守卫王国的工作。他们崇尚武力，认为什么都可以用武力解决。因为他们的功绩，国王特许他们盖了一座仿制缩小版豪华的宫殿，这是至高的荣誉。优胜者优先是他们的规矩。具体规则是所有人在**擂台**上比武，**冠军住宫殿**，吃包子，其他的只能住在窑洞里。

为了能够更为直观地了解这个家族的特点，小圈还特意将这个场景画了出来（图1）。

2. 占卜师

占卜师是王国的军师，他居住在幽静的竹林里，是卫兵家族的邻居。占卜师很博学，还会使用**古代**的技术，用**含羞草**或竹子叶占卜，十分灵验。

小圈也将这个场景画了出来（图2）。

3. 老医生

老医生乐于助人，王国里的病人都非常感谢他。他是寺庙的主人，并将寺庙当成了治病救人的地方。寺庙很大，为了便于工作，他将不同的病人分别安排在大厅、房子和内屋，这样方便针对性管理和救治。小圈也将这个场景画了出来（图3）。

---

① 标黑词语为相应部分的关键词，在后文中将作为记忆挂钩使用。下同。

图 1　卫兵家族场景图

图 2　占卜师家族场景图

图3 老医生家族场景图

4. 盆栽师傅

他是王国的园艺师，负责景观设计。他经常要到山上去寻找一些美丽的种苗和肥沃的泥土，所以山岭就是他的"家"。一有空，**盆栽师傅**就跟着雀鸟登山、采土去了，随身总是带着套装和盒子。盒子用于装土，套装里有许多登山用的工具（图4）。

图4 盆栽师傅家族场景图

5. 昆虫学家

他负责照料王国的昆虫，常年待在昆虫馆里。这些昆虫是王国里珍贵的宝贝，夜里它们化作漫天繁星，照亮了这个王国。**昆虫学家善于使用西瓜和泉水救治昆虫，他曾是一个罪犯，但是现在变成了一个好人**（图5）。

图5　昆虫学家家族场景图

小圈经常会陶醉在这个汉字王国里，仔细回忆着这些图片，想一想这里的人、事和物。他认真地记忆每个家族的特征（即每个家族的关键词）。每次这些关键特征遗忘的时候，他通过回忆图片，很快就想起来了。他想，我的王国我可得认真记牢，记牢了才是我的国。

有了图片的辅助，小圈对于词汇的记忆能力骤然提升，这让他十分自豪，他也想和其他伙伴比一比，于是便决定要发起一个挑战，看谁能够又快又好地记住这些关键信息（参与游戏可查看附录2：小竞赛）。

正当小圈还陶醉在王国的美好时光时，一阵刺耳的声音让他身体不由得晃了一下，接着他感受到了犹如脱离地球引力的坠落感，不由自主地闭上眼睛。当一切恢复平静，他睁开双眼，发现自己躺在自己的小床上，只听到时钟的滴答声和窗外小鸟叽叽喳喳的私语，太阳已经爬上了枝头。他一回头，时针指到了七点，赶紧起床，今天还有汉字听写测试呢，他还得再复习复习。

九、智慧小圈抓奸细：西部部落的故事

自从破了窃贼的案件，小圈成了汉字王国的名人，他也通过汉字接龙，不断完善汉字王国的设计，他已经熟练掌握来往王国的办法，不时还两边穿梭，帮忙破案。

（一）时空电话

一天晚上，小圈躺在床上看着睡前故事，突然收到一条时空信息。原来是西部部落的求助信息，请求智慧小圈帮助部落找到奸细。"奸细？怎么回事？"

小圈看着时钟摇摆，进入梦乡，也顺利进入汉字王国。现在，他已经成为王国里的智慧达人。经过沟通，他了解了事件的基本情况。原来西部部落安插到敌国的探子得到一封隐形墨水写的密件，内容是："一别半月甚是想念，我已经安排妥当，本月底你们进攻，定能成功。"

离月底只有三天了，还没有找到奸细，如果再找不到可能部落就会被袭击甚至灭亡。

（二）六大家族

"有难题找小圈，找小圈没难题。"由于拥有多次的成功经验，小圈已经能很自信地说着自己的独享口头禅。小圈来到西部部落，便打开万能地图查看情况。

西部部落里面有六个大臣，他们根据职责也可以分成三类：一是守护，主要由将军家族负责；二是参谋，由情感大师家族负责，他是王国的军师；三是生产类，包括了炼金师、建筑师、糕点师和商贩四个家族。

1. 炼金师。她是部落里的兵器官，能控制金木水火土，负责生产一种万能兵器。由于炼金师天生说谎就会脸红，所以不能撒谎，被誉为"最诚实的人"。

炼金师居住在矿山里，里面有火炉、冰窖、土堆。这是生产兵器的三个流程。山上还种植有密密麻麻的杨树，提供燃料，也起到遮蔽的作用，一般人进来就会迷路。矿山外面是沼泽，没有获得允许谁也进不去。这里是部落的秘密基地，有重兵把守。里面宝物很多，除了兵器，还有一种隐形墨水，放在密室里，被严格把守。但密室为了通风，留了一个很小的窗户，而且很隐蔽。

2. 建筑师。他有很好的手艺，修筑雕刻是他最拿手的工作。他最拿手的工具居然是一个擀面杖，也许是因为特别喜欢面食的缘故吧。他有一个要好的工人伙伴。

3. 甜品师傅。他对人体各个部位很了解，所以能够制作出吃了会令人愉悦的糕点。他的视力不好，所以养了一只乌鸦，乌鸦脖子很长，每次看到什么就告诉他，平时都和他一起，就站在胳膊上。他还养了一只跳蚤，这只跳蚤可了不起，专门治疗嘴巴、牙齿、舌头的毛病。

4. 将军。他负责训练士兵，他的训练场地是一个街区。这里鱼龙混杂，有各色各样的人物。

5. 商贩。他们是高个子和矮个子两兄弟，做日用品买卖，分别经营着不同种类的商品。

6. 情感大师（忍者）。他是部落里的情报官，负责分析情报。他有几件宝贝：一是馋虫饼干，谁只要吃了这个饼干就会控制不住自己，问什么答什么，没有任何秘密可言；二是手指机器人，能够自由飞行，方便打探消息，还能拿取物品；三是唇语术，能够听懂动物说话；四是识心情法，只要抓住一个人的手，就知道他的心情和想法。

由于六大家族具有不同的本领，为了避免相互串联形成过于强大的势力，影响部落的平衡稳定，所以部落里定下规矩，家族间不允许互通，违规就会被判打三十大板。

（三）情感师识别

部落有守卫，要外出必须经过关卡，且有通行证才行。于是小圈让人将有外出通行证的人都带回来问话。将军因为需要外出观察地形，商贩要到别的城市交换货物，所以他们两个有外出通行证。因为情感大师能够识别心情，所以请来情感大师让他做测试。情感大师拿起两个人的手，看着他们的眼睛然后把了把脉，说他们都不是奸细，于是把他们放了。

小圈很纳闷。他突然想起还有另外一条线索：既然谁出了部落去送信暂时无法断定，那么可以从写字的人入手。对，就是隐形墨水。隐形墨水一直放在矿山，由炼金师保管。于是炼金师被带过来问话。

炼金师心直口快，还以为自己被怀疑了，所以一来就解释道："冤枉呀，虽然我有隐形药水，可是我不是奸细呀。"小圈让她回忆，近期是否有谁到过矿山。炼金师说，有三个人，甜品师傅、建筑师、情感师曾经到过。不过，他们都一直在自己的身边，没有离开过。并且，隐形墨水藏在一个密室里，只有一个很小的通风口，门锁是特制的，而且完好无损，不可能有别人能打开。

（四）谁是奸细

小圈让人把这三个人都带过来。他们都说自己是清白的。于是小圈只好派人到他们家去搜查。每一个角落都搜遍了，没有隐形墨水的痕迹。倒是发现他们都有一些其他违规的事情。在甜品师傅家里搜查到赏赐给情感大师的珍珠，情感大师家里有建筑师送的精致木工艺品。他们被抓了起来，关进大牢，被认为是合谋奸细。

他们大呼冤枉，承认了违规，愿意接受三十大板的惩罚，但是都不承认自己是奸细。

小圈也犯难了。眼看日子就到了，他可不能丢了神探的威名呀。况且他还夸下海口，"有难题找小圈，找小圈没难题"，这可怎么办呀？他悄悄拿起时空电话，发出求助短信，询问谁能够给他提供帮助。

（五）思维导图分析

小圈冷静下来，觉得自己也不能闲下来，他拿起纸笔，仔细回忆王国的情况和大家提供的线索，梳理了以下几个问题，并画起了思维导图。

1. 总共有哪些嫌疑人？

2. 他们的证言分别是什么？

3. 对比并寻找线索点。

4. 顺藤摸瓜找到答案。

终于，小圈还是从蛛丝马迹中找到了线索，并通过推理，找到了这个"奸细"（事件还原可查看附录1：侦探游戏参考答案2）。部落的人们很高兴，终于避免了一场危机，他们讨论决定，接收小圈为部落的一等公爵，并颁发给他智慧勋章，从此他能够自由出入部落，并享受部落里的一切权利。小圈高兴地接受了，又开始了自己的巡视部落之旅。

（六）家族故事

1. 炼金师

她是部落的制造家，负责生产五金产品。她具有掌握五行的力量。炼金师在沼泽地的土坡下发现一个矿洞，于是用杨树生火，开始炼制钢铁(图6)。

图6 炼金师家族场景图

2. 建筑师傅

他是部落的装饰者，手艺精湛，正在认真地为站台上的巡逻车安装公鸡雕像，一旁的工人给他递送擀面杖(图7)。

图 7　建筑师家族场景图

3. 甜品师傅

甜品师傅很爱研究，通过对人体各部分的了解掌握了制作美食的技巧。通过观察**嘴巴、牙齿和舌头**调味，通过观察**脖子、眼睛、耳朵**调色，通过观察**躯体、蹄子**设计形状。他是美食大师，他的甜品既有营养又美味（图8）。

图 8　甜品师傅家族场景图

4. 将军

将军是一个责任感很强的人，他的观点是要将街坊们都训练成战士，这样部落才能真正安全。将军带着战士列队，扛着旗子在街道上祭拜天地，一旁姑娘在摆弄纺织机，孩子拿着弹弓跟着，幼童在祭祖台下玩耍（图9）。

图9　将军家族场景图

5. 商贩

商贩是非常精明的人，对钱财和货物很敏感。他们很有创意，经常会用一些新奇的销售方式，高个子商贩卖衬衫送鞋子，矮个子商贩卖拌有辣椒和陈醋的糕点(图10)。

图 10　商贩家族场景图

6. 情感大师

　　情感大师是部落里的军师，特别擅长读心术。他善于语言沟通并能读懂别人的情感。他有一个手指机器人，正在练习夹饼干(图 11)。

图 11　情感大师家族场景图

小圈通过这些图片也很轻松地记住了各家族的关键人、物、事（关键词），每当关键词不熟练的时候，他通过回忆图片，通过图片的检索作用，很快就能想起这些词汇，这也让他对这个王国的人、物、事了然于胸。

经过上次的挑战，小圈更有信心了，这次他还发起一个挑战，看谁能够通过这种方法记住这些关键信息，关键是又快又准（参与游戏可参见附录2：小竞赛）。

十、东部集市

东部集市，荒凉之地，土地贫瘠，所以只能发展贸易，是汉字王国的贸易集散地。集市里的居民原来都是武艺高强之人，为逃避纷争来到这个地方。小圈受命到东部集市商谈合作，初来乍到，他先详细了解了这里的情况。

（一）家族故事

1. 装卸工头

装卸工头靠着好的耐力和视力挣得钱款；同时靠着扮演劫匪在额头纹上彩色皱纹成为红人（图12）。

图12 装卸工头家族场景图

2. 刀剑贩子

刀剑贩子在战役中收集大鼓、刀剑和斧子，一边售卖，一边给孩子当教学的道具材料（图13）。

图13 刀剑贩子家族场景图

3. 花鸟店店长

花鸟店店长从前是一个律师，他历经艰难，闯过飘雪地带，找到雄鹰，也培养了一只能够叼汤匙，能在花瓶上行走的小鸭（图14）。

图14 花鸟店店长家族场景图

（二）思维导图

为了测试自己对这个集市的了解，小圈画起了思维导图。不一会儿一幅完整的导图就制作完成了，这对他而言很轻松。运用这幅思维导图，他轻松地记住了里面的关键词（图 15）。

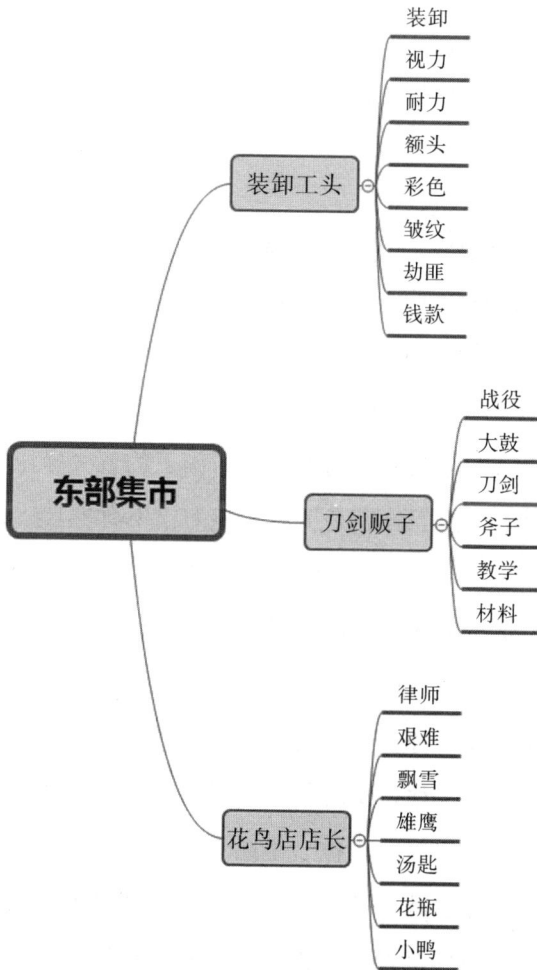

图 15 东部集市关键人物思维导图

十一、汉字王国的统一

（一）汉字王国的场景图

随着对三个地方的了解，汉字王国的版图轮廓也清晰起来。王国里共有三大块区域，分别是北方王国、西部部落、东部集市。

北方王国，是一个传统的平原王国，历史悠久，崇尚集权。有一个国王，皇宫里的国王是权力机构的主宰，国王的五大家臣，被分封成了五个王，效忠国王。他们分别是卫兵家族、占卜师家族、医生家族、盆栽师傅、昆虫学家。大家讲求忠诚，感恩国王，守护王国。

西部部落，是一个海岛部落，后起之秀，比较和睦，共同决策，偏居一隅，追求和平。臣民们都因向往自由迁徙而来。他们有六个家族，议会是权力机构，每年都会聚会商议，投票决策。

东部集市，蛮荒之地，土地贫瘠，只能靠苦力和稀有物品的买卖维持生计，是最弱小、只追求利益、不团结的贸易集散地。他们原来是武艺高强之人，为逃避战乱来到这个地方。东部部落虽然贫穷，但因为有一些武艺高超之人和稀奇物品，也是一股不可轻视的力量。

小圈展开万能地图，心中暗想，将这些信息都画在一张图里吧。不一会儿，一张汉字王国的场景图真的出现了（场景图可参见附录 3：汉字王国总地图）。

看着这张美丽的地图，小圈陶醉其中。他一边想象里面的场景，一边寻找里面的人物。他认真找着占卜师的竹林，看到占卜师在研究着古籍，他又将目光移到了炼金师的矿洞。小圈心想，有了这张场景图，汉字王国的一切场景就都尽在眼底了。为了将地图烂熟于心，小圈还特意制作了一个游戏，约着伙伴们一起玩呢（参与游戏可查看附录4：游戏——汉字王国开心大冒险）。

（二）王国的思维导图

有了汉字王国的场景图，小圈还不满意。场景图虽然信息完整，但是每次寻找关键词还是相对麻烦，如果配上思维导图，是不是就更好了呢？于是他开始画起了汉字王国关键人物的思维导图（见图16）。

（三）同理迁移

自从小圈得到了汉字王国的场景图和思维导图，他仿佛找到了汉字学习的密码。他突然对每一个汉字都感觉这么熟悉。经过观察，他发现这些王国里的关键字（词）原来都是汉字里的关键"人物"，他们分别统领着不同的偏旁。

北方王国有五大家族，共有30个关键词，每个关键词中都包含了1个以某个部首为偏旁的字。由此，通过30个关键词就可以联系到相应的30个部首：

汉字王国

北方王国

- 1.卫兵 ⊖
  - 1.1卫兵
  - 1.2冠军
  - 1.3包子
  - 1.4擂台
  - 1.5宫殿
  - 1.6窑洞
- 2.占卜师 ⊖
  - 2.1占卜师
  - 2.2古籍
  - 2.3花草
  - 2.4竹子
- 3.老医生 ⊖
  - 3.1老医生
  - 3.2主人
  - 3.3病人
  - 3.4寺庙
  - 3.5大厅
  - 3.6房子
  - 3.7内屋
- 4.盆栽师傅 ⊖
  - 4.1盆栽
  - 4.2脚步
  - 4.3登山
  - 4.4采土
  - 4.5雀鸟
  - 4.6盒子
  - 4.7套装
- 5.昆虫学家 ⊖
  - 5.1昆虫
  - 5.2罪犯
  - 5.3自己
  - 5.4西瓜
  - 5.5泉水

西部部落

- 1.炼金师 ⊖
  - 1.1炼金师
  - 1.2沼泽
  - 1.3土坡
  - 1.4矿洞
  - 1.5杨树
  - 1.6钢铁
- 2.建筑师 ⊖
  - 2.1建筑
  - 2.2巡逻车
  - 2.3工人
  - 2.4擀面杖
  - 2.5站台
  - 2.6公鸡
- 3.甜品师 ⊖
  - 3.1甜品师
  - 3.2眼睛
  - 3.3耳朵
  - 3.4嘴巴
  - 3.5牙齿
  - 3.6脖子
  - 3.7躯体
  - 3.8蹄子
- 4.将军 ⊖
  - 4.1将军
  - 4.2街道
  - 4.3旗子
  - 4.4列队
  - 4.5姑娘
  - 4.6纺织机
  - 4.7孩子
  - 4.8弹弓
  - 4.9幼童
  - 4.10祭祖台
- 5.商贩 ⊖
  - 5.1帐篷
  - 5.2矮个子
  - 5.3商贩
  - 5.4珍珠
  - 5.5辣椒
  - 5.6鞋子
  - 5.7糕点
  - 5.8陈醋
  - 5.9衬衫
- 6.情感师 ⊖
  - 6.1陵墓
  - 6.2语言
  - 6.3情感
  - 6.4拇指
  - 6.5饼干

东部集市

- 1.装卸工头 ⊖
  - 1.1装卸
  - 1.2视力
  - 1.3耐力
  - 1.4额头
  - 1.5彩色
  - 1.6皱纹
  - 1.7劫匪
  - 1.8钱款
- 2.刀剑贩子 ⊖
  - 2.1战役
  - 2.2大鼓
  - 2.3刀剑
  - 2.4斧子
  - 2.5教学
  - 2.6材料
- 3.花鸟店长 ⊖
  - 3.1律师
  - 3.2艰难
  - 3.3飘雪
  - 3.4雄鹰
  - 3.5汤匙
  - 3.6花瓶
  - 3.7小鸭

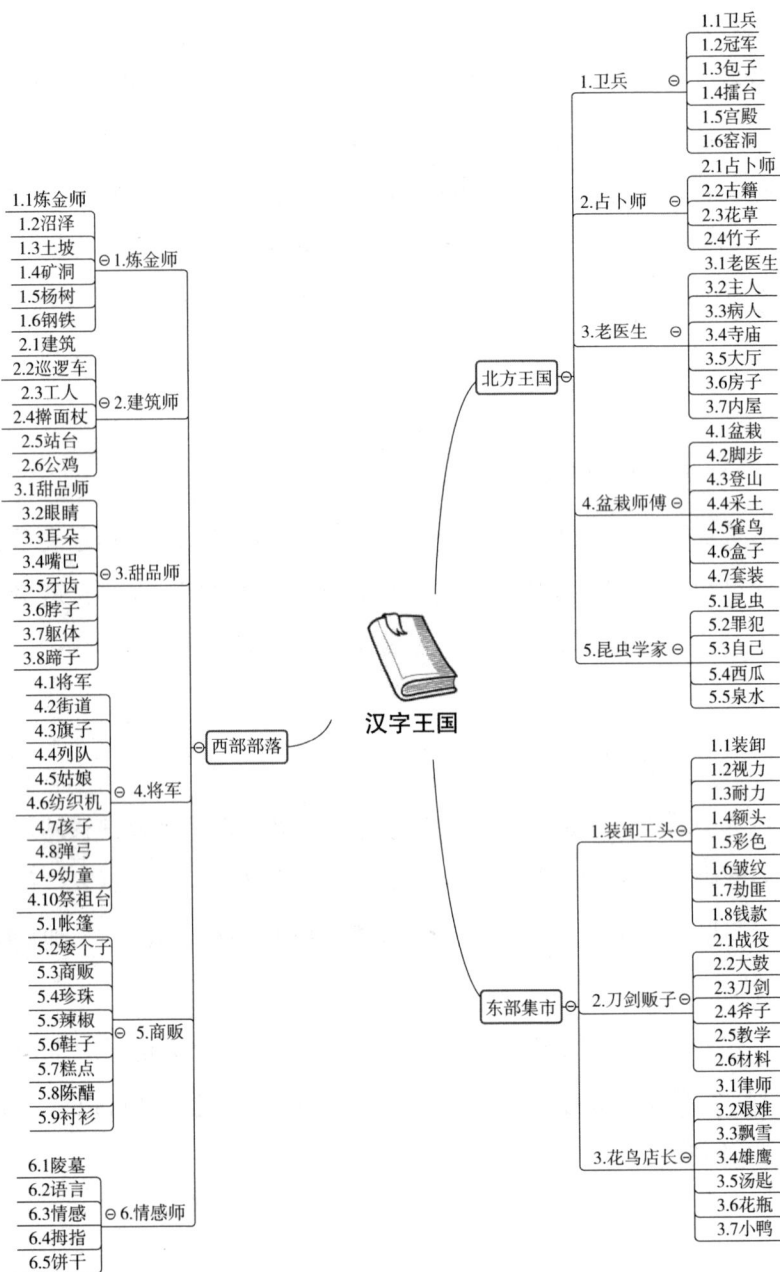

图 16　汉字王国关键人物思维导图

58

表1　北方王国关键词对应部首表

所属	例词	部首	读法
卫兵	卫兵	冂（一）	横钩头
	冠军	冖	秃宝盖
	擂台	厶	允字头
	宫殿	宀	宝盖
	窑洞	穴	穴宝盖
	包子	勹	包字头
占卜师	占卜师	卜	占字头
	古籍	十	十字头
	花草	艹	草字头
	竹子	𥫗	竹字头
老医生	老医生	耂	老字头
	主人	亠	点横头
	病人	疒	病字头
	寺庙	广	广字头
	大厅	厂	厂字头
	房子	户	户字头
	内屋	尸	尸字头
盆栽师傅	盆栽师傅	八	八字头
	雀鸟	小	小字头
	脚步	止	止字头
	采土	爫	采字头
	登山	癶	登字头
	盒子	人	人字头
	套装	大	大字头
昆虫学家	昆虫学家	日	日字头
	罪犯	罒	四字头
	自己	自	自字头

续表

所属	例词	部首	读法
昆虫学家	己任	己	己字头
	西瓜	覀	西字头
	泉水	白	白字头

西部部落有六大家族，共有 44 个关键词，对应着 44 个部首，分别如下：

表 2　西部部落关键词对应部首表

家族	例词	部首	读法
炼金师	炼金师	火	火字旁
	沼泽	氵	三点水
	矿洞	石	石字旁
	土坡	土	提土旁
	钢铁	钅	金字旁
	杨树	木	木字旁
建筑师	建筑	廴	建之旁
	工人	工	工字旁
	公鸡	又	又字旁
	站台	立	立字旁
	巡逻车	辶	走之旁
	擀面杖	扌	提手旁

续表

家族	例词	部首	读法
甜品师	甜品师	舌	舌字旁
	嘴巴	口	口字旁
	牙齿	牙	牙字旁
	眼睛	目	目字旁
	耳朵	耳	耳字旁
	脖子	月	肉月旁
	躯体	身	身字旁
	蹄子	足	足字旁
将军	将军	丬	将字旁
	孩子	子	子字旁
	姑娘	女	女字旁
	幼童	幺	幺字旁
	街道	彳	双人旁
	祭祖台	礻	示字旁
	纺织机	纟	绞丝旁
	旗子	方	方字旁
	弹弓	弓	弓字旁
	列队	歹	歹字旁
商贩	商贩	贝	贝字旁
	矮个子	矢	矢字旁
	帐篷	巾	巾字旁
	珍珠	王	斜玉旁
	衬衫	衤	衣字旁
	鞋子	革	革字旁
	糕点	米	米字旁
	陈醋	酉	酉字旁
	辣椒	辛	辛字旁

家族	例词	部首	读法
忍者	陵墓	阝	左耳旁
	情感	忄	竖心旁
	语言	讠	言字旁
	手指机器	扌	提手旁
	饼干	饣	食字旁

东部集市有三大家族，共有21个关键字（词），对应着21个偏旁，分别如下：

表3　东部集市关键词对应偏旁表

家族	词例	部首	读法
装卸工头	装卸工头	卩	单耳边
	劫匪	力	力字边
	彩色	彡	三撇
	皱纹	皮	皮字边
	额头	页	页字边
	耐力	寸	寸字边
	视力	见	见字边
	款钱	欠	欠字边
刀剑贩子	刀剑贩子	刂	立刀旁
	战役	戈	戈字边
	大鼓	支	支字边
	斧子	斤	斤字边
	教学	攵	反文旁
	材料	斗	斗字边

家族	词例	部首	读法
花鸟店长	律师	聿	聿字旁
	鸭子	鸟	鸟字边
	雄鹰	隹	隹字边
	花瓶	瓦	瓦字边
	汤匙	匕	匕字边
	艰难	艮	艮字边
	飘雪	风	风字边

（四）移花接木

不同的关键字对应着不同的部首，以上汉字王国的部族共有 14 个家族，95 个关键字（词），也就对应着 95 个部首。由于存在着一一对应的关系，小圈能够将对各大家族的记忆转化为对 95 个部首的记忆，这样就可以实现"移花接木"。同时，由于这些关键字（词）本身也是对应部首的典型代表，能够在一定程度上表示部首的含义，所以这些关键字（词）就成为这些偏旁所属字们的"将领"，起到了一定的联想指引的作用，即记忆挂钩。由此，不同部首的字就可以依次大致区分，不容易混淆了，就犹如操场点兵，各自站在不同的队列上（图 17）。小圈突然感觉到了神秘力量，对学习汉字充满了信心。

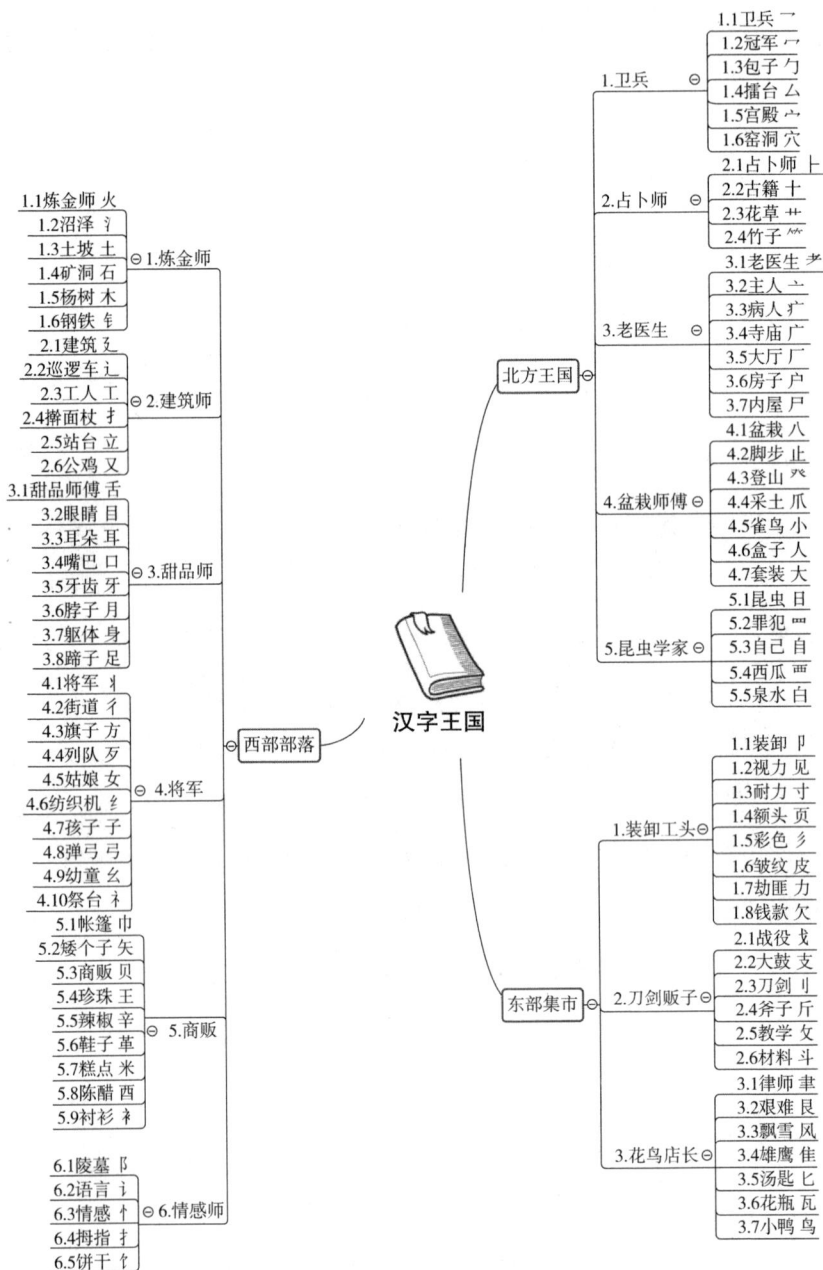

图 17 汉字王国关键词对应部首思维导图

北方王国

1.卫兵
- 1.1卫兵 一
- 1.2冠军 冖
- 1.3包子 勹
- 1.4擂台 厶
- 1.5宫殿 宀
- 1.6窑洞 穴

2.占卜师
- 2.1占卜师 卜
- 2.2古籍 十
- 2.3花草 艹
- 2.4竹子 竹

3.老医生
- 3.1老医生 耂
- 3.2主人 亠
- 3.3病人 疒
- 3.4寺庙 广
- 3.5大厅 厂
- 3.6房子 户
- 3.7内屋 尸

4.盆栽师傅
- 4.1盆栽 八
- 4.2脚步 止
- 4.3登山 癶
- 4.4采土 爪
- 4.5雀鸟 小
- 4.6盒子 人
- 4.7套装 大

5.昆虫学家
- 5.1昆虫 日
- 5.2罪犯 罒
- 5.3自己 自
- 5.4西瓜 覀
- 5.5泉水 白

西部部落

1.炼金师
- 1.1炼金师 火
- 1.2沼泽 氵
- 1.3土坡 土
- 1.4矿洞 石
- 1.5杨树 木
- 1.6钢铁 钅

2.建筑师
- 2.1建筑 廴
- 2.2巡逻车 辶
- 2.3工人 工
- 2.4擀面杖 扌
- 2.5站台 立
- 2.6公鸡 又

3.甜品师
- 3.1甜品师傅 舌
- 3.2眼睛 目
- 3.3耳朵 耳
- 3.4嘴巴 口
- 3.5牙齿 牙
- 3.6脖子 月
- 3.7躯体 身
- 3.8蹄子 足

4.将军
- 4.1将军 爿
- 4.2街道 彳
- 4.3旗子 方
- 4.4列队 歹
- 4.5姑娘 女
- 4.6纺织机 纟
- 4.7孩子 子
- 4.8弹弓 弓
- 4.9幼童 幺
- 4.10祭台 礻

5.商贩
- 5.1帐篷 巾
- 5.2矮个子 矢
- 5.3商贩 贝
- 5.4珍珠 王
- 5.5辣椒 辛
- 5.6鞋子 革
- 5.7糕点 米
- 5.8陈醋 酉
- 5.9衬衫 衤

6.情感师
- 6.1陵墓 阝
- 6.2语言 讠
- 6.3情感 忄
- 6.4拇指 扌
- 6.5饼干 饣

东部集市

1.装卸工头
- 1.1装卸 卩
- 1.2视力 见
- 1.3耐力 寸
- 1.4额头 页
- 1.5彩色 乡
- 1.6皱纹 皮
- 1.7劫匪 力
- 1.8钱款 欠

2.刀剑贩子
- 2.1战役 戈
- 2.2大鼓 支
- 2.3刀剑 刂
- 2.4斧子 斤
- 2.5教学 攵
- 2.6材料 斗

3.花鸟店长
- 3.1律师 聿
- 3.2艰难 艮
- 3.3飘雪 风
- 3.4雄鹰 佳
- 3.5汤匙 匕
- 3.6花瓶 瓦
- 3.7小鸭 鸟

十二、记忆挂钩的使用：词汇的拓展

汉字王国建立了90多个记忆挂钩，运用这个挂钩掌握2500个常用字，就需要用到联想法，通过联想法扩充摆放重复（想象场景经历法），根据已经记忆的词根，联想出相关的词汇。

小圈迫不及待地希望通过挂钩进行拓展记忆。他挑选了卫兵家族。找到第一个挂钩：卫兵（偏旁：横勾头）。小圈也将横勾头的字（词）汇在一起，形成了类属词库，如下表：

表4 横勾头词库例表

司令	承办	学习	购买	给予	丑陋
—	—	—	—	—	—

如何充分利用卫兵作为挂钩，记住以上6个字（词）呢？为了减少工作量，可以提前勾出已经掌握的字词（可用红笔圈出）。

对于未掌握的词汇以卫兵为桩点（线索）展开联想，实现串联，并进行连锁记忆。可根据实际情况将词汇3~5个为一组进行串联。

对于连锁记忆，有两种方法可以借鉴。

（一）画面法

画面法就是通过画面将需要记忆的字词与挂钩词进行连接的一种记忆方法。将需要记忆的字词与挂钩词联想记忆在同一个画面里，通过记忆画面实现字词记忆。

画面法往往强调空间关系，将相关词并列放置在一个画面里，往往对名词性字词更为有效，如卫兵和司令可以这样联系："卫兵站在司令旁边。"对于非名词性字词可以通过与名词性字词组合的形式进行转化，如可以成为某一个名词性字词的定语，如"承办比赛的司令站在卫兵旁"。一般而言，一个画面可以由多个片段组成，一个片段可以视情况容纳2~5个字词。

对于以上例子，

（1）卫兵站在一个正在承办比赛的司令旁边。

（2）一个丑陋的但是给予过他支持的学习者走到他们身边。

想象这么一个画面：三个人（卫兵、司令和学习者）在一起。他们各自有不同的职责和特征。通过这个画面，将词汇形成这样一个关系图，并进行记忆。

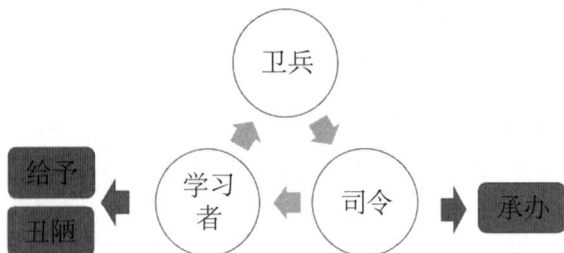

图 18 关系图

（二）故事法

故事法就是通过故事将需要记忆的字词与挂钩词进行连接的一种记忆方法。通过想象一个故事将需要记忆的字词与挂钩词联系在一起，通过记忆故事来实现字词记忆。

故事由于其动态性，往往以时间为线索展开。可以以某个动词为中心词进行故事串联。针对以上例子，可以想象出一个故事线索：司令承办比赛；卫兵给予支持。并根据这个线索将各个字词连接。

（1）卫兵的好朋友司令，正在承办一场学习比赛，卫兵在现场观看。

（2）卫兵口头上给予支持，却穿了一件极其丑陋的衣服来到现场。

画面法和故事法各有特点，一般而言画面法要用我们的右脑进行记忆，是强调图像的记忆，其关键在于图像的构建，图像构建相较于语言表达较为复杂，但是一旦构建完成，往往具有回忆简单且便于长期记忆的好处。故事是我们左脑逻辑推演出来的东西，一般需要用语言进行描述，虽然其有构建简便的优势，但是这种方法会存在不利于长期记忆的缺点。

当然，无论是图像还是故事，本质上都是我们大脑中的"画面"，因为我们的大脑不具备投影功能，所以不得不用语言描述一个生动有趣的故事。所以不管是用哪种记忆方法，重点在于"画面"二字。因此，可以充分将两种方法进行融合，将故事的生动性和画面的直观性合理连接，综合运用。

同时，无论何种方法都需要充分发挥想象的功能。想象是一种特殊的思维形式，是人脑对已储存的表象进行加工改造形成新形象的心理过程，它能突破时间和空间的束缚，帮助我们更好地进行学习和记忆。展开想象需要把握以下一些基本原则：

1. 具体生动。想象必须具体、鲜明、生动。比如一只仙鹤跷着二郎腿坐在沙发上，虽然仙鹤坐在沙发上本身就比较夸张，但如果我们让想象中的仙鹤像人一样跷着二郎腿坐着，两只手往两边一扶，这样就更加鲜明、生动。

2. 夸张奇特。想象可以夸张甚至荒诞，这样有利于加强记忆。比如勺子和咖啡，如果简单用勺子舀咖啡，可能这种画面很普通，容易被忽视，但是如果我们想象成勺子在咖啡中跳舞就会好很多。

3. 画面简单。画面尽可能简单，避免出现过多的无关内容，这些无关的信息会对你的记忆内容产生干扰。同时要特别注意挂钩的中介作用，以及线索的突出性，这样才能将画面充分运用，并将相关字词联系起来。

十三、记忆的实践：
利用记忆挂钩记住 2000 个常用词汇

掌握了以上方法，小圈决定开始进行实践，他要运用汉字王国的力量，攻克字词的难关。他找到 90 个记忆挂钩，并通过想象等方法，帮助更快记忆 2000 个词汇。他同时也向小伙伴们发起挑战，一起来比一比吧。

1. 卫兵（偏旁：横勾头）

表 5　横沟头词库

司令	承办	学习	购买	给予	丑陋
—	—	—	—	—	—

例：

基本步骤：

步骤一：将已经掌握的词汇用圆圈圈出。

步骤二：对于未掌握的词汇以卫兵为桩点（线索）展开想象，实现连锁记忆。可根据实际情况将词汇 3~5 个为一组进行串联。

方法一：故事想象法。一般围绕某个或某些动词展开想象，进行故事梳理，具有动态性和逻辑性强的特点。

（1）卫兵的好朋友司令，正在承办一场学习比赛，卫兵在现场观看。

（2）卫兵口头上给予支持，却穿了一件极其丑陋的衣服来到现场。

方法二：画面想象法。一般围绕某个或某些名词展开联想，形成画面，这种方法往往具有画面感强、所串联词语关系简洁明了的特点。

（1）卫兵来找司令，申请承办本次武术比赛。

（2）一个打扮丑陋，但是给予过他支持的学习者走了过来。

2. 擂台（偏旁：私字旁）

表 6　私字旁词库

县城	堡垒	丢失	参加	怠慢
允许	不能	—	—	—

例：

方法一：故事想象法

（1）擂台的搭建材料来自县城的一座废旧堡垒。

（2）只有参加比赛的人才被允许走上擂台，所有台上人都不能有怠慢的态度。

方法二：画面想象法

（1）擂台和堡垒到县城参加比武。

（2）擂台被拦在城外，因为他丢失了兵器，被认为是**怠慢**的态度。

（3）擂台不被**允许**参赛，且不能进场。

3. 包子（偏旁：包字头）

表 7   包字头词库

中旬	勺子	句子	勾兑	均匀
勿近	匆匆	—	—	—

方法一：故事想象法

包子对勺子说：你负责勾兑的酱料不均匀；上月中旬，你匆忙上厕所没有洗手。

方法二：画面想象法

上厕所匆忙而不洗手的包子和勾兑酱料不均匀的勺子抱在了一起。

4. 冠军（偏旁：秃宝盖）

表 8   秃宝盖词库

写字	冤枉	—	—	—

例：

冠军被冤枉不会写字

5. 宫殿（偏旁：宝盖头）

表 9　宝盖头词库

宋朝	教室	宴会	宇宙	它们	家庭
洞穴	要塞	住宅	寨子	宾客	官员
蜜蜂	宝贝	宗旨	事宜	火灾	案件
宪法	果实	夜宵	贼寇	寒冷	富有
守护	写字	完成	审问	宣布	害怕
宰羊	寄送	比赛	观察	住宿	一定
安宁	宏伟	牢固	容易	密麻	宽敞

（1）宫殿的左右两侧分别是要塞和寨子。分为三个区，依次是宴会区、教室和住宅。

（2）宫殿是宋朝风格的布局。

（3）宏伟的宫殿不仅牢固，还很宽敞，很适宜富有的贵族居住。

（4）宴会上，官员拿着宝物，宾客赶着蜜蜂，吃着从远处寄送过来的果实。

（5）宴会上，还有宰羊比赛，一旁的裁判在认真观察。

（6）在教室共上三门课，分别关于宇宙、案件和宪法。课程的宗旨是综合发展。

（7）守护要塞的士兵正在审问敌人。

（8）寨子是木头做的，即使寒冷的夜晚也不敢生火，因为大家特别害怕发生火灾。

以上例子中涉及词库中的词汇众多，容易让逻辑复杂，增加记忆难度。如何处理呢？可以画出分割符号。分割符的设立有几种方式：一是通过空间。通过空间可以划定区域，如以上例子中，以空间划分，围绕宫殿将相关区域分别划分为宫殿、要塞、寨子、宴会区、教室、住宅六个区域。二是通过时间。可以借用每周七天（周一、周二、周三等）依次将事件按时间划分。如以上可以周一参观宫殿，周二参观要塞，周三参观寨子，以此类推将复杂关系分块成较为简单的关系。

6. 窑洞（偏旁：穴宝盖）

表 10　穴宝盖词库

窗帘	穿过	盗窃	很窄	穷困
空洞	突出	究竟	—	—

（1）窑洞里最值钱的物件就是**窗帘**。

（2）窑洞的洞口**很窄**，但却经常有贼从此**穿过**，实施**盗窃**。

（3）窑洞里住的都是**穷困**的人，除了**突出**的石头和空的水缸，其他一无所有，盗贼**究竟**来偷什么呢？

7. 占卜师（偏旁：占字头）

表 11　占字头词库

桌子	占领	贞洁	上面	—

如何运用以上的方法对以上词汇进行串联，小圈决定发起一个挑战，看看谁能够串联得完整、生动又简练。

_____

_____

_____

_____

8. 古籍（偏旁：十字头）

表 12　十字头词库

南方	博士	真的	华丽	笔直
克服	丧失	卖掉	爱戴	协调
十个	—	—	—	—

_____

_____

_____

_____

_____

9. 花草（偏旁：草字头）

表 13　草字头词库

西藏	节日	营房	芒果	芝麻	花菜
幕布	芝士	香蕉	蔬菜	艺术	红薯

续表

芦荟	苹果	范围	番茄	根茎	蓝色
茅草	茶叶	坟墓	芹菜	薪水	菠萝
药材	莲花	荷花	著作	菠萝	菊花
细菌	葡萄	芬芳	茂盛	英勇	蔑视
劳动	苏醒	发芽	推荐	荡漾	羡慕
收获	萌芽	敬重	招惹	埋葬	蒸煮
光荣	芬芳	轻薄	荒芜	茫茫	莫去

---

10. 竹子（偏旁：竹字头）

表 14 竹字头词库

竹竿	毛笔	竹笋	笼子	笛子	符号
竹筐	建筑	策略	筛子	竹筒	箱子
风筝	牙签	箩筐	水管	竹箭	篮子
微笑	等待	回答	筋骨	户籍	计算
简单	一篇	很笨	第一	—	—

---

11. 老医生（偏旁：老字头）

表15　老字头词库

学者	考试	—	—	—

12. 主人（偏旁：点横头）

表16　点横头词库

市场	北京	夜晚	亭子	豪杰
商人	灭亡	交流	充电	享受
率领	包裹	哀求	明亮	六个
一亩	毫米	亦可	就是	—

（空白横线）

13. 寺庙（偏旁：广字头）

表 17　广字头词库

庄园	大床	序言	车库	发廊
商店	庭院	唐朝	座席	王府
老鹰	庆祝	答应	废除	腐烂
健康	平庸	廉洁	底下	一度

14. 病人（偏旁：病字头）

表 18 病字头词库

痔疮	疫情	疤痕	症状	治疗
疼痛	疲惫	手痒	—	—

15. 大厅（偏旁：厂字头）

表 19 厂字头词库

大厅	厕所	草原	厨房	大雁
平仄	经历	打压	厌恶	愿意
厄运	原来	厦门	厉害	丰厚
厘米	厚重	—	—	—

_____

_____

16. 房子（偏旁：户字头）

表 20　户字头词库

户口	肩膀	房子	扇子	扁平
启动	—	—	—	—

_____

_____

_____

_____

_____

_____

17. 内屋（偏旁：尸字头）

表 21　尸字头词库

尸体	尺子	尼姑	尿液	尾巴
居住	纸屑	屈服	屠杀	属于
尽管	一层	一局	一届	屡次

_____

_____

_____

_____

_____

_____

18. 盆栽师傅（偏旁：八字头、底）

表22　八字头（底）词库

花盆	老翁	岔开	具有	外公
八哥	只是	不忿	真正	公平
分开	贫穷	其实	共同	高兴
典礼	士兵	—	—	—

_____

_____

_____

_____

19. 脚步（偏旁：止字头、旁）

表23　止字头（旁）词库

脚步	武功	停止	一些	不肯

此时	—	—	—	—

20. 采土（偏旁：爪字头、旁）

表24 爪字头（旁）词库

爪子	爬山	爱护	—	—

21. 登山（偏旁：登字头）

表 25　登字头词库

登山	一	一	一	一

22. 套装（偏旁：大字头）

表 26　大字头词库

大人	头发	奥秘	奇怪	不爽
夸奖	夺取	奔跑	奋斗	牵牛

23. 雀鸟（偏旁：小字头）

表 27　小字头词库

麻雀	品尝	很尖	光滑	高尚
多少	当然	—	—	—

24. 盒子（偏旁：人字头、单人旁）

表 28　人字头词库

个人	仓库	企业	观众	命令	盒子
禽兽	介绍	命令	会合	包含	舍得
今天	贪心	思念	拿起	舒服	全部
多余	—	—	—	—	—

表 29　单人旁词库

队伍	价钱	伙伴	身体	位置	侄子
工作	伯父	佣工	侧面	华侨	我俩
风俗	俘虏	师傅	傍晚	傻瓜	官僚
付出	打仗	代表	休息	埋伏	砍伐
任命	模仿	仰望	伪装	估计	伸展
服侍	供应	使得	举例	佩服	依附
低头	住在	侦查	修理	保护	促进
侮辱	相信	侵犯	欠债	借钱	倚靠
倒下	倡导	等候	俯身	做到	赔偿
偷盗	停下	偏心	储备	仁慈	仔细
伟大	传球	优秀	伤心	伶俐	最佳
方便	勤俭	俊丽	值得	倾斜	疲倦
健康	假的	骄傲	催促	偏僻	双倍
一亿	什么	仍然	仅仅	一件	一份
似乎	如何	但是	仿佛	倘若	偶数
好像	—	—	—	—	—

25. 昆虫学家（偏旁：日字头、底、旁）

表 30　日字头（底、旁）词库

日子	元旦	昆虫	暑假	星星	水晶
景色	智力	是的	晃动	最后	昂头
显示	暴露	测量	昌盛	晕倒	干旱
容易	早晨	照晒	时间	映射	晴天
空旷	兴旺	暗淡	晌午	拂晓	明亮
昨天	暖和	晚上	曾经	暂时	春天
普通	替换	—	—	—	—

_____

_____

_____

_____

_____

_____

_____

26. 泉水（偏旁：白字头）

表 31　白字头词库

肥皂	皇帝	泉水	—	—

_____

_____

_____

_____

_____

_____

27. 向导（偏旁：巳字头）

表 32　巳字头词库

巷子	向导	下巴	异常	包括

_____

_____

_____

_____

_____

_____

28. 罪犯（偏旁：四字头）

表 33　四字头词库

惩罚	位置	罪犯	罗网	罢工

_____

_____

29. 西瓜（偏旁：西字头）

表 34　西字头词库

不要	栗子	覆灭	不要	—

30. 装卸工头（偏旁：卫字边）

表 35　卫字边词库

装卸工	印章	卷纸	危险	冷却
即使	—	—	—	—

31. 耐力（偏旁：寸字边）

表36 寸字边词库

耐力	射手	寿命	封住	尊重

32. 视力（偏旁：见字边）

表37 见字边词库

视力	展览	舰船	规则	睡觉

33. 钱款（偏旁：欠字边）

表 38　欠字边词库

歌手	欧洲	道歉	歇息	吹风
钱款	欲望	欢乐	—	—

34. 劫匪（偏旁：力字边）

表 39　力字边词库

劫匪	办法	加减	动力	势力
帮助	勉励	勇敢	勤劳	恶劣

续表

努力	有劲	—	—	—

35. 额头（偏旁：页字边）

表 40　页字边词库

额头	首领	脖颈	题目	颜色
歌颂	颠簸	颤抖	顶住	照顾
顺利	顽皮	一顿	一颗	预见

36. 彩色（偏旁：三撇边）

表 41　三撇边词库

胡须	形体	彩色	影子	—

37. 皱纹（偏旁：皮字边）

表 42　皮字边词库

披风	破烂	土坡	—	—
—	—	—	—	—

38. 刀剑（偏旁：立刀边）

表 43　立刀边词库

规则	剑客	刷子	电视剧	剃刀	药剂
列队	删除	区别	到达	刑罚	创伤
一副	判断	削弱	刺杀	雕刻	制造
刚才	剩下	割开	剖开	剥开	—

39. 战役（偏旁：殳字边）

表 44　殳字边词库

没有	战役	一段	一般	设计

40. 大鼓（偏旁：支字边）

表 45　支字边词库

树枝	战鼓	翅膀	豆豉	—

41. 斧子（偏旁：斤字边）

表 46　斤字边词库

斯文	砍断	斧子	新年	—

42. 教学（偏旁：反文旁）

表47　反文旁词库

教鞭	政府	教师	效果	数字
收到	救人	故意	散开	敬重
敏捷	勇敢	整齐	敞开	—

43. 材料（偏旁：斗字边）

表48　斗字边词库

斟酌	斜的	—	—	—

44. 律师（偏旁：聿字边）

表 49　聿字边词库

津津有味	律师	纪律	肆意	—

45. 艰难（偏旁：艮字边）

表 50　艮字边词库

限制	狠毒	—	—	—

_____

_____

46. 飘雪（偏旁：风字边）

表 51　风字边词库

飘雪	一	一	一	一

_____

_____

_____

_____

_____

47. 雄鹰（偏旁：隹字边）

表 52　隹字边词库

售卖	焦虑	雕像	集合	截断

_____

_____

_____

_____

48. 汤匙（偏旁：匕字边）

表 53　匕字边词库

钥匙	疑问	圣旨	—	—

49. 花瓶（偏旁：瓦字边）

表 54　瓦字边词库

花瓶	—	—	—	—

50. 小鸭（偏旁：鸟字边）

表 55 鸟字边词库

鸽子	大鹅	喜鹊	—	—

51. 炼金师（偏旁：火字旁）

表 56 火字旁词库

煤炭	灯光	炉灶	炮弹	烟尘	火焰
炒饭	灰尘	锻炼	烘烤	爆炸	烧火
熄灭	熔化	炸开	灿烂	点火	烦心
发炎	—	—	—	—	—

52. 沼泽（偏旁：三点水）

表 57　三点水词库

泪水	油水	气泡	沼泽	洪水	山洞	海洋
亚洲	波涛	旱涝	酒水	海洋	清水	海湾
水源	泥浆	海滩	海滨	油漆	停泊	沿着
注入	游泳	沸腾	溜冰	泼水	治水	洒水
浇水	测量	洗澡	涨潮	派出	染布	流动
滋润	漂流	涌入	温暖	灌溉	演出	漏雨
滴下	光滑	混乱	淋湿	淹没	滚动	渡河
过滤	泛滥	满意	沾沾自喜	洁净	浑浊	浓厚
津津有味	渐渐地	口渴	混乱	光滑	口渴	温暖

_____

_____

_____

_____

53. 土坡（偏旁：提土旁）

表 58　提土旁词库

县城	寺庙	堡垒	水塘	场地	区域	堤坝
作坊	大坑	坟墓	垃圾	大坝	地址	坏人
石块	草垫	土堆	坦克	坛子	土坡	造型
土壤	墙壁	环境	塑料	地基	大堂	高塔
垮台	增加	塌方	埋葬	堵住	培养	填空
均匀	—	—	—	—	—	—

_____

_____

_____

_____

_____

54. 矿洞（偏旁：石字旁）

表59　石字旁词库

矿山	码头	砍刀	碎石	碧玉
研究	堆砌	碰撞	妨碍	确实
破烂	坚硬	忙碌	—	—

---

55. 杨树（偏旁：木字旁）

表60　木字旁词库

学校	村庄	榜样	柜子	樱桃	橡木
朴素	不朽	树林	枝条	杯子	水槽
杆子	木板	松树	枪支	结构	木材
枕头	标枪	木棚	手柄	单杠	栅栏
相机	柏树	柳树	柱子	柿子	权力
水渠	概括	栽下	木柴	框架	桂树
梧桐	一株	桥梁	桃子	格子	木梢
核桃	样子	榆树	划桨	机械	栋梁
梅花	模样	楼梯	木桶	梨树	辣椒

续表

棒子	棋盘	植物	森林	椅子	橘子
石榴	棍子	棉花	棕树	槐树	检查
枯萎	一棵	横着	分析	相信	一根
一栋	杰出	架子	—	—	—

56. 钢铁（偏旁：金字旁）

表 61　金字旁词库

针线	钉子	鱼钩	金钱	钳子	电钻
钢铁	铲子	银两	铜铁	锄头	门锁
铁锅	锤子	锯子	店铺	铁链	镜子
铁锈	错误	钓鱼	锻炼	锋利	尖锐

_____

_____

_____

_____

_____

57. 建筑师傅（偏旁：建之旁）

表62　建之旁词库

延迟	建设	—	—	—

_____

_____

_____

_____

_____

_____

58. 站台（偏旁：立字旁）

表63　立字旁词库

开端	站台	枯竭	竖立	竞争
竖立	儿童	产生	—	—

_____

_____

_____

_____

_____

_____

59. 巡逻车（偏旁：走之旁）

表 64　走之旁词库

道路	速度	水迹	过来	到达	迈向	迁移
巡逻	进去	远处	违反	运输	还钱	连接
走近	返回	迎接	挑逗	迟到	描述	送客
选择	适应	追赶	逃跑	追逐	制造	回避
逆行	退让	消逝	遗失	遥远	遭遇	遇见
透过	中途	逢人	快递	通过	逮捕	逼问
遮蔽	遵守	邀请	遣返	被迫	迷茫	这里
迅速	一遍	辽阔	边上	—	—	—

_____

_____

_____

_____

_____

60. 公鸡（偏旁：又字旁）

表65　又字旁词库

公鸡	游戏	观看	发现	劝说	欢喜
艰难	对错	双人	叉子	桑树	重叠
朋友	叔叔	圣人	叙旧	接受	—

61. 工人（偏旁：工字旁）

表66　工字旁词库

功夫	巩固	攻克	左右	贡献
巧妙	一项	—	—	—

62. 擀面杖（偏旁：走字底）

表67　走字底词库

趋势	赵国	赶快	起来	越过
赴约	趁着	超过	有趣	一趟
一趟	—	—	—	—

63. 甜品师傅（偏旁：舌字旁）

表68　舌字旁词库

辞退	敌人	乱说	刮开	辞退

64. 嘴巴（偏旁：口字旁）

表 69　口字旁词库

嘴巴	喇叭	叮当	叶子	啄木鸟	哨子	哑巴
味道	哈欠	咱们	喉咙	是吗	叼来	叫喊
吼叫	叹气	吐出	吓坏	一吨	吃饭	吸气
吵架	呼叫	鸣叫	哄闹	吩咐	喷水	喘气
咳嗽	咀嚼	嚷叫	嘱咐	唯一	呈现	吊车
员工	发呆	号码	一只	兄弟	另外	吴国
野兽	器官	善良	吞下	否定	君子	哲学

65. 牙齿（偏旁：牙字旁）

表 70　牙字旁词库

邪恶	乌鸦	优雅	—	—

_____

_____

_____

_____

_____

66. 脖子（偏旁：肉月旁、月字底）

表71 肉月旁、月字底词库

肌肉	肝脏	肚子	皮肤	肺部	胆子	朋友
细胞	脉搏	衣服	胳膊	阿胶	大脑	胜利
脚步	脖子	屁股	脸蛋	胸膛	腊肉	脾肺
口腔	腰部	血腥	腹部	膀胱	大腿	薄膜
脆弱	肿胀	肥胖	朗读	脱下	期待	腾飞
威胁	脊柱	臂膀	养育	背部	—	—

_____

_____

_____

_____

_____

67. 眼睛（偏旁：目字旁）

表 72　目字旁词库

眼睛	瞎说	瞧见	盼望	眨眼	盯住
睁开	眯着	监督	睡觉	理睬	盲目
眉毛	休眠	瞒着	—	—	—

68. 耳朵（偏旁：耳字旁）

表 73　耳字旁词库

职责	耽误	耻笑	聚会	联系
取下	聪明	—	—	—

69. 躯体（偏旁：身字边）

表 74　身字旁词库

射箭	身体	鞠躬	躲藏	躺下

70. 蹄子（偏旁：足字旁）

表 75　足字旁词库

蹄子	舞蹈	距离	踪迹	蹦跳	蹲着
趴下	跨过	跳跃	实践	跌倒	跑步
跳跃	跪下	走路	跟上	踢腿	踩踏

71. 将军—壮士（偏旁：将字旁）

表 76　将字旁词库

壮士	奖状	—	—	—

72. 旗子（偏旁：方字旁）

表 77　方字旁词库

族群	旗子	施展	凯旋	旅行
放下	旁边	—	—	—

73. 街道（偏旁：双人旁）

表78 双人旁词库

街道	路径	纪律	道德	往来
防御	服役	衔接	得到	等待
平衡	循环	微笑	出征	彻底
很多	徒劳	徐徐	彼此	—

74. 姑娘（偏旁：女字旁）

表79 女字旁词库

奶奶	奴隶	嫂子	奸细	婶婶	妇人	好人
她们	妈妈	巧妙	妖娆	姑姑	姓名	妹妹
娇贵	姥姥	阿姨	婚姻	嫌弃	嫁人	嫩草

如果	不妨	开始	妄想	妻子	姿势	—

75. 织布机（偏旁：绞丝旁）

表80　绞丝旁词库

织布机	红线	纤维	约会	等级	纪律	纯色
纱布	提纲	成绩	头绪	绳子	纹路	缝隙
纽扣	纸张	线条	绿色	纷纷	细绳	终于
接纳	介绍	经过	绑住	绒毛	打结	绕开
绘画	给予	联络	灭绝	统一	手绢	继续
纠正	缠绕	缩小	维护	绣花	缓解	编辑
练习	组合	纺织	纵容	—	—	—

_____

_____

_____

76. 孩子（偏旁：子字旁）

表81　子字旁词库

孔洞	孩子	孙子	孤儿	孕妇
存在	孟子	—	—	—

_____

_____

_____

_____

_____

_____

77. 弹弓（偏旁：弓字旁）

表82　工字旁词库

引导	张开	米粥	新疆	琴弦
弱小	—	—	—	—

_____

_____

---

78. 幼童（偏旁：幺字旁）

表 83　幺字旁词库

幻想	幼稚	—	—	—

---

79. 祭祖台（偏旁：示字旁）

表 84　示字旁词库

祖先	社会	视力	礼貌	神明
祸害	福气	吉祥	祝福	—

_____

_____

_____

_____

_____

80. 商贩（偏旁：贝字旁）

表85　贝字旁词库

财产	商贩	贼人	失败	贵贱
赔偿	赚钱	赠送	贤良	贸易
责备	赞扬	贷款	赏钱	—

_____

_____

_____

_____

_____

81. 衬衫（偏旁：衣字旁）

表86　衣字旁词库

衬衫	裤裙	被子	棉袄	袖口

续表

补充	浴袍	富裕	初始	—

82. 鞋子（偏旁：革字旁）

表 87　革字旁词库

勒索	鞠躬	鞭子	—	—

83. 辣椒（偏旁：辛字旁）

表 88　辛字旁词库

辨认	辣椒	辫子	花瓣	争辩
辜负	开辟	—	—	—

_____

_____

_____

_____

_____

84. 陈醋（偏旁：酉字旁）

表 89　酉字旁词库

醉了	清醒	酬劳	酱油	酿制
炫酷	—	—	—	—

_____

_____

_____

_____

_____

85. 糕点（偏旁：米字旁）

表 90　米字旁词库

糕点	糖果	糟糠	米粉	颗粒
高粱	粪便	粮食	粘贴	分类

86. 陵墓（偏旁：左耳旁）

表 91　左耳旁词库

陵墓	院子	太阳	阶段	阿姨	队伍	除法
国际	陆地	陶罐	障碍	隔壁	间隙	附属
降落	陷入	陪同	防备	隐蔽	阻碍	陡峭
一阵	危险	阴暗	隆重	有限	—	—

87. 语言（偏旁：言字旁）

表 92　言字旁词库

证据	课本	乐谱	语言	谣言	诗歌	词语
谎言	谜语	友谊	诸位	议论	预订	计划
认识	讨论	让座	训练	访问	资讯	记者
讲话	许多	讽刺	设计	翻译	试验	评论
误会	诉说	诊断	诞生	请客	读书	询问
诱惑	说话	朗诵	谋划	谢谢	调查	原谅
谈论	谨慎	谦虚	详细	诚实	详细	应该
是谁	—	—	—	—	—	—

88. 情感（偏旁：竖心旁、心字底）

表 93　竖心旁词库

记忆	心情	烦恼	习惯	快递	恒心	性格
怨恨	领悟	责怪	害怕	恢复	怀念	忧虑
懂得	悼念	后悔	警惕	惊吓	珍惜	恐惧
愤怒	慌张	懒惰	愧疚	愉快	惨淡	喜悦
慢慢	谨慎	忙碌	恰当	—	—	—

表 94　心字底词库

态度	智慧	恩惠	怒气	总是	怎么	忽然
感恩	悬着	患病	感慨	迷惑	忍耐	忘记
惩罚	想念	愚蠢	忧愁	痊愈	恐惧	忠实
恐怖	慈祥	悠闲	急忙	—	—	—

89. 拇指（偏旁：提手旁）

表 95　提手旁词库

手指	扎牢	打人	扑倒	扒开	扔掉	扛起
操作	托起	执行	扩展	扫把	扬起	拦住
扶手	安抚	技术	干扰	拒绝	找到	拌面
批评	拉扯	抄写	打折	抓住	扮演	招收
抢劫	抛开	投降	抵抗	抖腿	保护	披着
扭开	把守	报纸	抹掉	拉拢	拔起来	拨弄
捡起来	担当	抵押	抽纸	拐弯	拖拉机	选择
拍手	拆开	拥有	抵挡	拘留	抱起	拉手
抬起	挂起	主持	挎着	挠头	挡住	挺住
括号	拴住	拾起	挑战	擦手	挣钱	挤干
拼接	挖洞	按住	挥手	挪动	打捞	捕捉
振作	捎东西	捏泥人	捆住	捐款	损失	捡起
摔跤	掩盖	描述	捧起来	挨打	更换	排除
掉了	推倒	掀起	教授	掏出	掠夺	控制
接受	侦探	根据	掘土	搭建	提手	搂住
搁置	援助	搜查	揪住	插入	揭盖	搅局
握手	揉捏	摄入	抚摸	搏斗	摆拍	携带
摇摆	搬运	搞事	摊派	摧毁	摘下	撞见
播种	支撑	撒网	撕扯	撇开	敏捷	撤退
手掌	—	—	—	—	—	—

90. 饼干（偏旁：食字旁）

表96 食字旁词库

饭馆	米饭	饮食	饲料	馒头
馅饼	饶恕	饥饿	吃饱	嘴馋
饺子	—	—	—	—

十四、拓展练习

　　小圈掌握了汉字王国的方法，很自豪，他经常练习，解决了汉字识记难题，也爱上了阅读。当然，小圈还不满足，除了常用的，他想了解更多汉字的奥秘。于是他找到了偏旁部首表，运用之前的方法，以已有词为挂钩，产生连接，拓展出一个更为宽阔的挂钩体系，他和大圈一起开始了更广阔的探索之旅。

　　小圈在练习过程中也总结出一些经验和原则。一是求简原则，对一些简单的、少见的偏旁，或者对于复杂的或者独立成字的偏旁，为了避免挤占宝贵的挂钩资源，小圈并不将其列入体系，而是将其作为其他部分，毕竟关键方法也是用于解决关键问题的。而且一口也不能吃成胖子，要慢慢来。二是类属原则，归类是化繁为简的有效方法，比如头部的偏旁都与头部挂钩在一起，避免混淆。目前小圈的案例体系中仅包括了上头、左旁、右边三个部分，外框和下底没有包括，一方面由于这些偏旁本身所占比重不大，按从简原则未做单独处理，另一方面由于存在部分重合，如心字底和竖心旁，就按少数服从多数的原则归入头部了。

　　当然，不同的人也可以设计适合自己的不同方法，小圈又发起一个挑战，请伙伴们一起扩建汉字宫殿，一起开始探索（汉字偏旁部首名称表可参见附录6）。

附录 1　侦探游戏

问题：

1. 谁是奸细？说说你的理由。

2. 谁是窃贼？为什么？

参考答案 1

1. 图表法分析

王国	家族成员	谈话内容	关键线索
北方王国	卫兵	肯定是昆虫学家偷的	
	占卜师	盆栽师傅偷的	
	老医生	在小黑屋给占卜师治疗腿伤，昆虫学家当天在做研究	通过测谎可以排除
	盆栽师傅	是卫兵偷的；或者是占卜师，因为他和卫兵是亲戚	
	昆虫学家	在研究昆虫，自己没偷	

2. 事件还原

卫兵和占卜师是最有权势的两大家族（士兵和丞相），权力膨胀之下，合谋盗取王冠。为了转移视线，诬陷昆虫学家，幸亏盆栽师傅和老医生仗义执言，才揭开事情真相。

你答对了吗？

参考答案 2

1. 图表法分析

王国	家族成员	谈话内容	关键线索
西部部落	将军		有通行证
	情感师	建筑师送的工艺品礼物、有一个手指机器人	有一个手指机器人
	炼金师	掌握隐形墨水、最诚实的人糕点师傅、建筑师、情感师曾经来过隐形药水在密室，有小窗，门锁完好	糕点师傅、建筑师、情感师曾经来过
	建筑师	给情感大师送了工艺品礼物	
	糕点师傅	养了一只乌鸦	养了一只乌鸦
	商贩	有情感大师送的珍珠礼物	有通行证

2. 事件还原：情感大师借着拜访炼金师的机会，利用手指机器人盗取隐形墨水，写了机密纸条，并请商贩带出部落，商贩收了情感大师送的珍珠，便听从安排。于是将用隐形墨水写的字条送到了敌国人手里。在情感测试中，情感大师还隐瞒了商贩带纸条出部落的事实。

符合条件的嫌疑人需要具备两个条件：一是拿到隐形墨水，二是能够外出。因此外出的两个人中必定有一个是奸细，情感大师说二人中无奸细，因此可以肯定情感大师在撒谎。他必定是奸细之一。

你答对了吗？

附录 2　记忆力小竞赛

1. 北方王国导图梳理（请将北方王国五大家族及其关键词的思维导图填写完成，看看谁完成得快）。

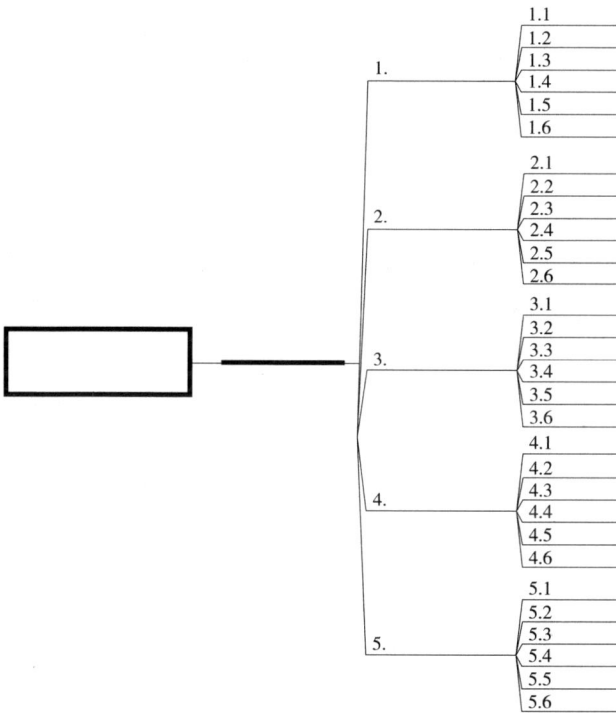

2. 西部部落导图梳理（请将西部部落六大家族及其关键词的思维导图填写完成，看看谁完成得快）。

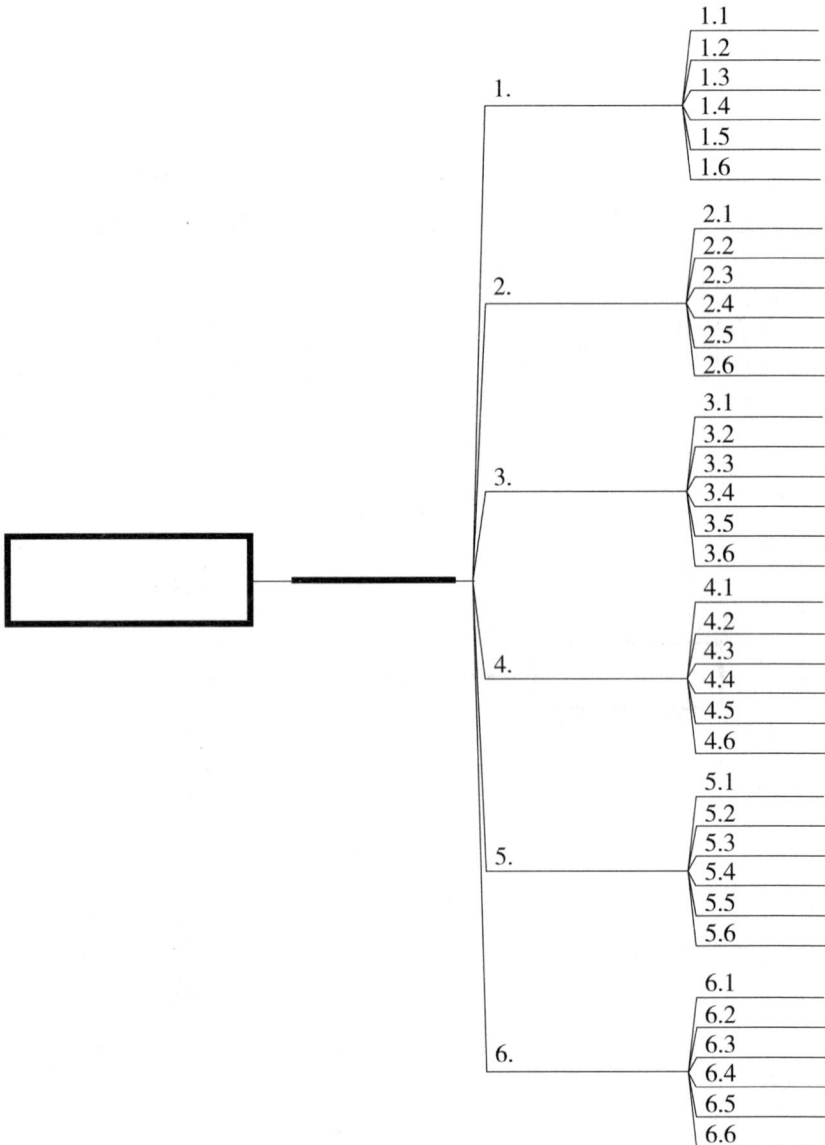

3. 东部集市导图梳理（请将东部集市三大家族及其关键词的思维导图填写完成，看看谁完成得快）。

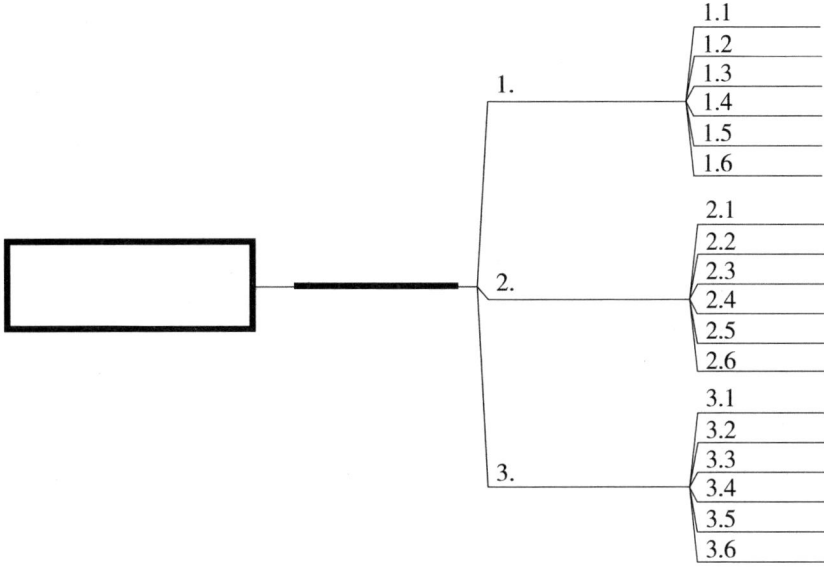

```
                                          ┌── 1.1
                                          ├── 1.2
                                   ┌ 1.   ├── 1.3
                                   │      ├── 1.4
                                   │      ├── 1.5
                                   │      └── 1.6
                                   │
                                   │      ┌── 2.1
                                   │      ├── 2.2
  ┌─────────────┐                  │      ├── 2.3
  │             │━━━━━━━━━━━━━──── 2.   ├── 2.4
  └─────────────┘                  │      ├── 2.5
                                   │      └── 2.6
                                   │
                                   │      ┌── 3.1
                                   │      ├── 3.2
                                   └ 3.   ├── 3.3
                                          ├── 3.4
                                          ├── 3.5
                                          └── 3.6
```

4. 画出整个汉字王国的细致思维导图（包含偏旁）。

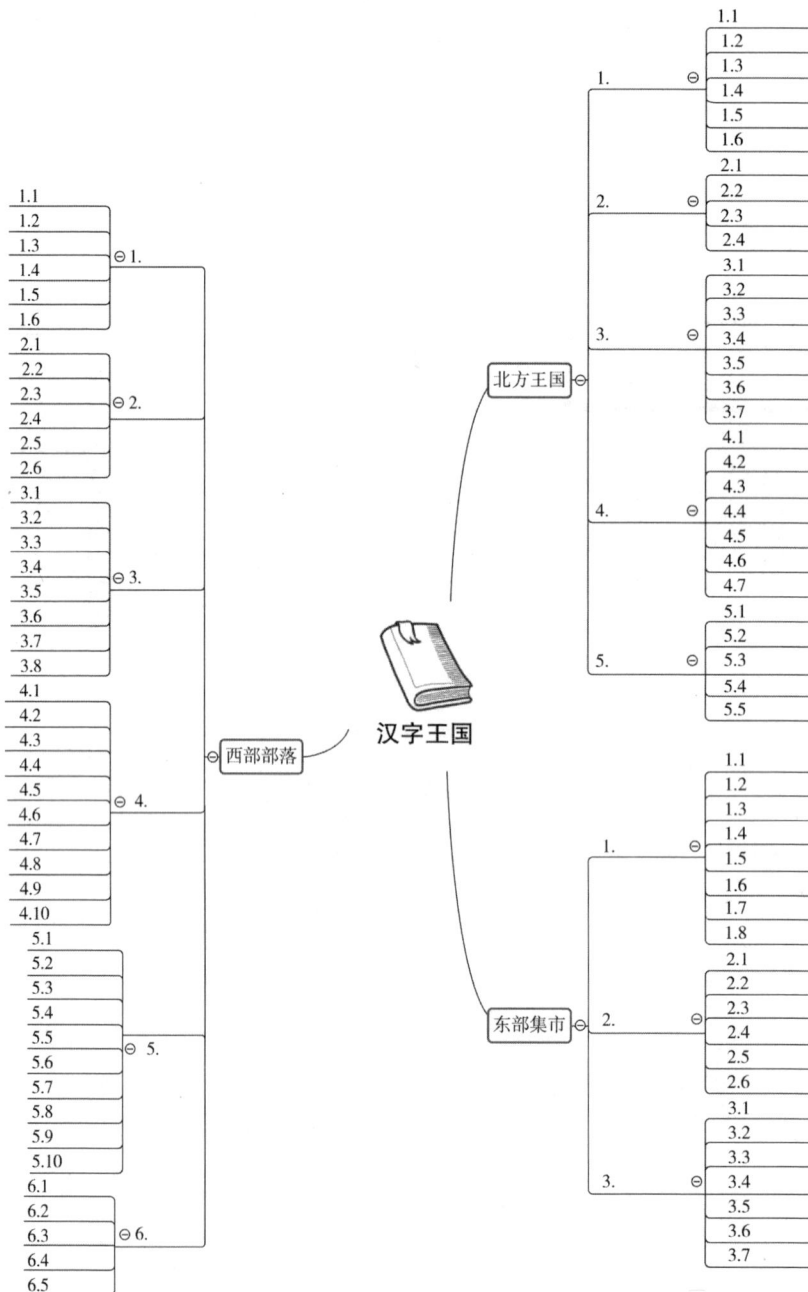

汉字王国

北方王国

⊖ 1.
- 1.1
- 1.2
- 1.3
- 1.4
- 1.5
- 1.6

⊖ 2.
- 2.1
- 2.2
- 2.3
- 2.4

⊖ 3.
- 3.1
- 3.2
- 3.3
- 3.4
- 3.5
- 3.6
- 3.7

⊖ 4.
- 4.1
- 4.2
- 4.3
- 4.4
- 4.5
- 4.6
- 4.7

⊖ 5.
- 5.1
- 5.2
- 5.3
- 5.4
- 5.5

西部部落

⊖ 1.
- 1.1
- 1.2
- 1.3
- 1.4
- 1.5
- 1.6

⊖ 2.
- 2.1
- 2.2
- 2.3
- 2.4
- 2.5
- 2.6

⊖ 3.
- 3.1
- 3.2
- 3.3
- 3.4
- 3.5
- 3.6
- 3.7
- 3.8

⊖ 4.
- 4.1
- 4.2
- 4.3
- 4.4
- 4.5
- 4.6
- 4.7
- 4.8
- 4.9
- 4.10

⊖ 5.
- 5.1
- 5.2
- 5.3
- 5.4
- 5.5
- 5.6
- 5.7
- 5.8
- 5.9
- 5.10

⊖ 6.
- 6.1
- 6.2
- 6.3
- 6.4
- 6.5

东部集市

⊖ 1.
- 1.1
- 1.2
- 1.3
- 1.4
- 1.5
- 1.6
- 1.7
- 1.8

⊖ 2.
- 2.1
- 2.2
- 2.3
- 2.4
- 2.5
- 2.6

⊖ 3.
- 3.1
- 3.2
- 3.3
- 3.4
- 3.5
- 3.6
- 3.7

附录 3　汉字王国总地图

附录4　游戏：汉字王国开心大冒险

物件准备：

1. 按参加人数准备骰子

2. 复印规则图纸

3. 复印游戏图纸

游戏规则：

1. 不同玩家从起点到终点，途中要经历一系列考验，先到达终点为胜利。

2. 不同的位置对应着不同的关键词，也将面临不同的考验。相关说明如下：

起点：摇到任意点数可以直接起飞，并到达对应位置。

位置1-卫兵：得到卫兵的支持，获得要求对手做一个体育动作的一次机会。

位置2-宫殿：擅闯宫殿，退回起点。

位置3-包子：吃一个包子，补充了能量，可以前跳1格。

位置4-占卜师：进入占卜师的地界，得到一张占卜师技能帮助（多得一次摇骰子的机会）。

位置5-古籍：打开古籍，发现一个秘密，有多一次摇骰子的机会。

位置6-花草：花草有毒，退回起点。

位置7-老医生：老医生看了一眼，给了一个老医生技能支持（有一次免于任何惩罚的机会）。

位置8-寺庙：一切皆空，退后两格。

位置9-房子：误触机关了吧，被关一次（原地等待一次）。

位置10-盆栽师傅：来，看看我栽花吧，给你一张盆栽师傅技能帮助（移花接木的能力，让对手原地不动一次）。

位置11-套装：套一下，可以套取对方的一次摇骰子机会（你加一次，对方停一次）。

位置12-登山：登高很累，但是能望远哦。摇2次，选择1次点数用。

位置13-罪犯：叫你别惹他。得到一次惩罚（完成体育动作：原地起跳10下）。

位置14-昆虫：昆虫飞出来，带你走秘道（1—6格任选一格前进）。

位置15-泉水：一个矿泉水瓶子，还是空的，原地等待一次。

位置16-装卸工头：装卸工头看好你，给你一次锻炼的机会（背着别人转一圈）。

位置17-耐力：要耐力先练习，原地蹲起10下。

位置18-彩色：闭着眼睛看世界，奖励对手仰卧起坐5个。

位置19-刀剑贩子：刀剑虽好，小心危险。完成一项挑战任务（说出和剑同一偏旁的三个字，少说一个退后1格）。

位置20-战役：请你说出三个战役故事，少说一个退一格。

位置21-教鞭：可以提问对手一个字词问题，答不上退一格。

位置22-律师：想成为律师，先写好字吧（写一个漂亮的成语，要漂亮哦）

位置23-花瓶：空空如也，没有奖励和惩罚。

位置24-飘雪：天上飘雪，恭喜你被困了，取消下一次摇骰子的机会。

位置25-炼金师：送你一个点石成金的机会，可随时点一个人不许动30秒钟。

位置26-沼泽：在沼泽地被困了，取消下一次摇骰子的机会。

位置27-钢铁：钢铁大侠，请你原地起跳5次或做5个俯卧撑。

位置28-建筑师：得到建筑师傅帮助，骑着公鸡去超越吧（可直接前进3格）

位置29-站台：都上台了，就造一个比喻句吧，不能完成退1格。

位置30-巡逻车：上车，带你走捷径直达35处。

位置31-甜品师傅：奖励你薯片，你可以指定哪个伙伴请你吃，但是别过量哦。

位置32-眼睛：请你示范一个眼保健操的动作。

位置33-脖子：请匀速左右扭动脖子10下吧。

位置34-将军：将军就是霸气，直接给你一次摇骰子机会。

位置35-街道：街道上空空的，没有奖励也没有惩罚。

位置36-旗子：旗子一指，挑战一下，请说出方字旁的三个字，说出一个可多向前进一格。

位置37-商贩：商贩很现实，直接给你一个机会卡，可以再有一次摇骰子机会。

位置38-辣椒：辣椒真辣，可以发泄一下，要么笑一下，要么哭一下。

位置 39-陈醋：让伙伴们吃点醋也好，把你所得到的温暖的爱用任何方式表达出来。

位置 41-情感：退后两格。

终点：到达终点，你是赢家。

附录5 游戏图

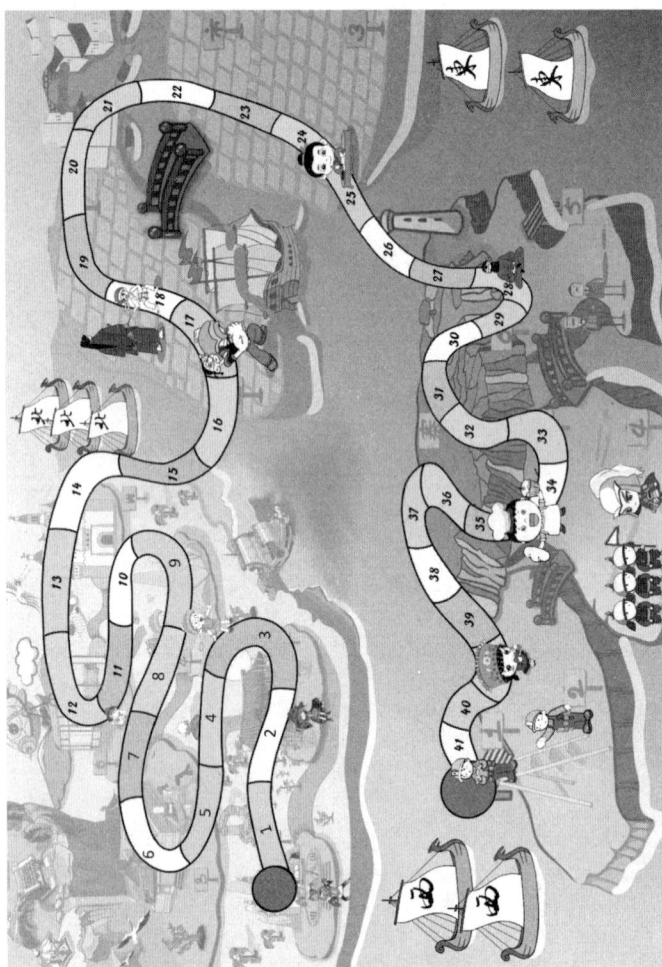

附录6 汉字常用部首

汉字常用部首名称表

部首序号	部首	名称	例字	部首序号	部首	名称	例字
1画							
1	一	横	三七丽	4	丶	点	义为永
2	丨	竖	内且师	5	乛（丁 乁乚乙）	横钩	了买卫
3	丿	撇	九么年				
2画							
部首序号	部首	名称	例字	部首序号	部首	名称	例字
6	十	十字头	支南真	17	亠	点横头	京高夜
7	厂	厂字旁	厅历原	18	冫	两点水	冷次准
(7)	𠂆	反字旁	反后质	(166)	讠	言字旁	让说识
8	匚	三框	区匠医	19	冖	秃宝盖	写军冠
9	卜	卜字边	外卧仆	20	凵	凶字框	凶画幽
(9)	卜	占字头	占卢卓	21	卩	单耳	即印却
10	冂	同字框	同冈网	(21)	㔾	卷字底	卷危
(10)	冂	用字框	用周甩	22	刀	刀字旁	切召剪
11	八	八字头	分公兮	(22)	刂	立刀	列别到
(11)	丷	倒八字	并兰关	(22)	⺈	角字头	鱼争危
12	人	人字头	今伞全	23	力	力字旁	办加动劣
(12)	亻	单立人	你位休	24	又	又字旁	对观戏

续表

部首序号	部首	名称	例字	部首序号	部首	名称	例字
（12）	入	入字头	佘籴	（175）（159）	阝阝	双耳	阳队陈那部邓
13	勹	包字头	包句匐	25	厶	厶字旁	台参能丢
14	儿	儿子底	允兄光	26	廴	建之	建廷延
15	匕	匕字旁	北死旨顷		二	二字头	元云亏
16	几	几字底	咒秃凭		ナ	右字头	右有灰
（16）	几	风字框	风凤凰		𠂉	卧人	气每复

3画

部首序号	部首	名称	例字	部首序号	部首	名称	例字
27	干	干字旁	刊平罕	44	夂	折文	冬处夏
28	工	工字旁	攻巧巩	45	丬	将字旁	状壮将
29	土	提土旁	块地场	（45）	爿	爿字旁	戕牁
（29）	士	士字头	吉志声	46	广	广字旁	庄应床
30	艹	草字头	花苗菜	47	门	门字框	问闪间
31	寸	寸字边	耐封射	（77）	氵	三点水	江河活
32	廾	弄字底	异弈弃	（98）	忄	竖心旁	快怕忙
33	大	大字头	夺奔奇	48	宀	宝盖头	安宁实
（80）	扌	提手旁	打扫拔	49	辶	走之	这边道
34	尢	尤字旁	尤尴尬	50	彐	横山	彐当灵
（34）	兀	兀字底	尧元光	（50）	彑	彝字头	彝彖
35	弋	弋字边	式贰代	51	尸	尸字头	层居展
36	小	小字头	尘少雀	52	己	己字旁	改忌
（36）	⺍	小字头	光当尚	（52）	巳	巳字头、底	导巷
37	口	口字旁	吃吹叶	53	弓	弓字旁	引张弹
38	囗	方框	因园图	54	子	子字旁	孙孔孩
39	山	山字旁	岭峰峡	55	屮	出字头	出蚩
40	巾	巾字旁	幅帽帕	56	女	女字旁	妈奶姐
41	彳	双立人	行往很	57	飞	飞字旁	飞
42	彡	三撇	形须影	58	马	马字旁	驴驰骗

续表

部首序号	部首	名称	例字	部首序号	部首	名称	例字
（66）	犭	反犬旁	猫狗独	59	幺	幺字旁	幻幼
43	夕	夕字旁	外名岁	（148）	纟	绞丝旁	红约给
（185）	饣	食字旁	饮饱饭	60	巛	三拐	巡巢甾

4画							
部首序号	部首	名称	例字	部首序号	部首	名称	例字
61	王	斜玉旁	玩班球	（80）	龵	手字旁	看拜掰
（61）	玉	玉字底	玺璧	81	气	气字头	氘氧氮
62	无	无字	无	82	毛	毛字旁	毯毽毳
（62）	旡	既字边	既暨	83	长	长字	长
63	韦	韦字旁	韧韬	（83）	镸	肆字旁	肆
64	木	木字旁	林棵杨	84	片	片字旁	版牌
（64）	朩	条字底	杀杂条亲	85	斤	斤字边	新斯断
（123）	耂	老字头	考孝者	86	爪	爪字旁	爬
65	支	支字边、旁	鼓豉翅	（86）	爫	爪字头	采受奚
66	犬	犬字边、底	献哭	87	父	父字头	爷爸斧
67	歹	歹字旁	列歼殊	88	月	肉月旁	肚服脑
68	车	车字旁	转辆轮	（88）	月	月字底	有育背脊
69	牙	牙字旁	鸦雅邪	89	氏	氏字头	昏氏
70	戈	戈字边	伐战或	90	欠	欠字边	吹欢欲
71	比	比字头	毕皆毖	91	风	风字边	飘讽
72	瓦	瓦字边、底	瓶甄瓷	92	殳	殳字边	段设般
73	止	止字旁	此歧步	93	文	文字头	齐斋斋
（98）	小	恭字底	恭慕添	94	方	方字旁	放施旗
74	攴	攴字旁	敨	95	火	火字旁	灯炉炸
（74）	攵	反文	放政教	（95）	灬	四点	杰热照
75	日	日字旁	晒晴时	96	斗	斗字边	料斜斟
（75）	曰	日字头	旱早曼最	97	户	户字头	房肩扇
（75）	冃	冃字头	冒冕	98	心	心字底	忘忍忽
76	贝	贝字旁	败则财	99	毋	毋字	毋

续表

部首序号	部首	名称	例字	部首序号	部首	名称	例字
77	水	水字底	氽汆泉	(100)	礻	示字旁	礼社祖
78	见	见字边	规视舰	⺉	告字头	告先	
79	牜	牛字旁	牺牲牧	肀	肃字头	肃隶	
80	手	手字底	拳掌掣				

5 画

部首序号	部首	名称	例字	部首序号	部首	名称	例字
(99)	母	母字底	每毒	112	白	白字旁	的皎皓
100	示	示字底	飘禁祟	113	瓜	瓜字边	瓢瓤
101	甘	甘字旁、头	邯某	114	鸟	鸟字边	鸡鸭鹅
102	石	石字旁	矿码砍	115	疒	病字旁	疼病痕
103	龙	龙字头、底	聋垄龚笼	116	立	立字旁	站端竭
104	业	业字旁、头	邺凿	117	穴	穴宝盖	空穷突
(77)	氺	泰字底	泰黎	118	疋	疋字底	蛋胥楚
105	目	目字旁	盯睛瞪	119	皮	皮字边	坡破披
106	田	田字旁	略畔畸	120	癶	登字头	癸登
107	罒	四字底	罗罢罪	121	矛	矛字头	柔蟊
108	皿	皿字底	盒盆益	(142)	衤	衣字旁	袜裤被
109	生	生字旁	甥	夫	春字头	春奉奏	
(176)	钅	金字旁	钢铁铃	戈	戊字框	成咸威	
110	矢	矢字旁	知矮短	䒑	党字头	堂常尝	
111	禾	禾字旁	和秋种	𭕄	学字头	学觉	

6 画

部首序号	部首	名称	例字	部首序号	部首	名称	例字
122	耒	耒字旁	耕耘耙	137	自	自字头	息臭臬
123	老	老字头	耆耄耋	138	血	血字旁	衃衄
124	耳	耳字旁	取联聪	139	舟	舟字旁	船艘航
125	臣	臣字旁	卧臧	140	色	色字边	艳
126	覀	西字头	要贾票	141	齐	齐字旁、头	剂齑
127	而	而字旁、头	耐耍	142	衣	衣字底	袈裹褒

续表

部首序号	部首	名称	例字	部首序号	部首	名称	例字
128	页	页字边	顶顺顽	143	羊	羊字边	群
129	至	至字旁	到致臻	(143)	羊	羊字旁、头	羚翔羞
130	虍	虎字头	虑虚虏	(143)	羊	美字头	美羔盖
(130)	虎	虎字旁、边	彪虢	144	米	米字旁	粉精粮
131	虫	虫字旁	虾蚁蝶	145	聿	聿字旁	津律肆
132	肉	肉字底	胬胔	146	艮	艮字边	艰狠限
133	缶	缶字旁	缸缺罐	147	羽	羽字头	羿翠
134	舌	舌字旁	乱甜辞	148	糸	系字底	紧素紫
135	竹	竹字头	笑笔笛		戈	栽字框	栽裁载
136	臼	臼字头、底	舅春				

7画

部首序号	部首	名称	例字	部首序号	部首	名称	例字
149	麦	麦字旁	麸麴	(158)	𧾷	足字旁	跳跑跟
150	走	走字旁	赴赵赶	159	邑	邑	邑
151	赤	赤字旁	郝赦赫	160	身	身字旁	躲躬躺
152	豆	豆字旁	豉豌	161	釆	悉字头、旁	悉番释釉
153	酉	酉字旁	酥酬醉	162	谷	谷字旁、边	欲豁
154	辰	辰字头、底	辱唇晨	163	豸	豸字旁	貌豺豹
155	豕	豕字旁	家豪豳	164	龟	龟	龟
156	卤	卤字旁	鹾	165	角	角字旁	解触
157	里	里字旁	野	166	言	言字底	誓警誉
158	足	足字底	蹩踅	167	辛	辛字旁	辣辨辫

8画以上

部首序号	部首	名称	例字	部首序号	部首	名称	例字
168	青	青字旁	静靓靛	185	食	食字底、旁	餐飨
169	卓	朝字旁	朝韩戟斡	186	音	音字旁	韵韶
170	雨	雨字头	雪雷露	187	首	首字底	馘
171	非	非字头、底	悲辈靠	188	髟	鬃字头	鬃

续表

部首序号	部首	名称	例字	部首序号	部首	名称	例字
172	齿	齿字旁	龄龈龇	189	鬲	鬲字旁、底	融鬻
173	黾	黾字底	鼋鼍	190	門	門	門
174	隹	隹字边	难谁雅	191	高	高字旁、底	敲膏
175	阜	阜	阜	192	黄	黄字旁、底	黇黉
176	金	金字底	鉴錾	193	麻	麻字头	摩磨魔
177	鱼	鱼字旁	鲜鲤鲢	194	鹿	鹿字旁、头	麒麟麈
178	隶	隶	隶	195	鼎	鼎字底	鼐鼏
179	革	革字旁	鞋鞭靴	196	黑	黑字旁、头	默黝黔墨
180	面	面字旁	腼靤	197	黍	黍字旁	黏
181	韭	韭	韭	198	鼓	鼓字头	瞽鼕
182	骨	骨字旁	骼髋骶	199	鼠	鼠字旁	鼬鼹
183	香	香字旁、底	馥馨	200	鼻	鼻字旁	鼾齁齃
184	鬼	鬼字旁、边	魂魅魏	201	龠	龠字旁	龢